唐钢大事记

（2014～2015）

北　京
冶金工业出版社
2019

图书在版编目(CIP)数据

唐钢大事记．2014～2015／河钢唐钢党史厂志编纂委员会编．—北京：冶金工业出版社，2019.11
ISBN 978-7-5024-8114-8

Ⅰ．①唐…　Ⅱ．①河…　Ⅲ．①钢铁厂—大事记—唐山—2014-2015　Ⅳ．①F426.31

中国版本图书馆 CIP 数据核字(2019)第 091110 号

出 版 人　陈玉千
地　　址　北京市东城区嵩祝院北巷 39 号　邮编　100009　电话　(010)64027926
网　　址　www.cnmip.com.cn　电子信箱　yjcbs@cnmip.com.cn
责任编辑　张熙莹　美术编辑　彭子赫　版式设计　孙跃红
责任校对　卿文春　责任印制　牛晓波
ISBN 978-7-5024-8114-8
冶金工业出版社出版发行；各地新华书店经销；北京科信印刷有限公司印刷
2019 年 11 月第 1 版，2019 年 11 月第 1 次印刷
148mm×210mm；7 印张；8 彩页；219 千字；213 页
68.00 元

冶金工业出版社　投稿电话　(010)64027932　投稿信箱　tougao@cnmip.com.cn
冶金工业出版社营销中心　电话　(010)64044283　传真　(010)64027893
冶金工业出版社天猫旗舰店　yjgycbs.tmall.com

河钢唐钢党史厂志编纂委员会

主任委员： 王兰玉　田　欣

委　　员： 李茂广　张洪波　姚　力　赵丽树
武士勇　张　弛　孙国平　宋嗣海
高永春　谭文振　张小帅　陶立国
刘铁力　王文德

河钢唐钢党史厂志编辑部

主　　编： 王兰玉（兼）

副 主 编： 李振亮　刘彦雷　宋江涛　刘　杰

编　　辑： 张卫华　王福生　王淳玉　张　琴

摄影制图： 刘会军　杨晓峰　赵　辉　刘振建
鞠月萍

唐钢大事记

（2014~2015）

主要评审人员

孙胜军　田　川　王云阁　董和民
薛军安　史云波　阚景坤　张向群
苏福源　刘景钧　王大成　于春渊
吴晓月　商　丽　赵寿强　闫希才
贾成宁　姜丽丽　肖　洪

作出贡献者

（按姓氏笔画排序）

于　峰　王　力　王　宇　王　磊
冯　涛　孙学君　杜　进　李先振
杨　杰　赵津玲　贺喜林　翟雪川

▲ 2014 年 6 月 6 日，全国人大常委会副委员长沈跃跃（右二）来公司检查指导工作。

▲ 2015 年 3 月 31 日，国家环保部部长陈吉宁（左三）一行来公司调研。

▲ 2015 年 8 月 9 日，中共河北省委书记赵克志（前排右二）来公司调研。

▲ 2014 年 11 月 11 日，中国证监会主席肖钢（左二）来公司调研。

▲ 2014 年 10 月 15 日，中共唐山市委书记焦彦龙（左一）到中厚板有限公司调研。

▲ 2015 年 3 月 24 日，河北省国资委主任王昌（前排左二）来公司调研。

▲ 2014 年 10 月 2 日，河北钢铁集团董事长、党委书记于勇到公司高强度汽车板项目调研。

▲ 2015 年 5 月 18 日，河北钢铁集团总经理彭兆丰来公司调研。

▲ 2015 年 3 月 19 日，中共河北钢铁集团唐钢公司第十次代表大会胜利召开，大会选举产生第十届党委会委员。

▲ 2014 年 2 月 21 日，公司党委召开党的群众路线教育实践活动动员大会。

▲ 2015 年 6 月 1 日，公司党委书记、董事长王兰玉讲授“三严三实”专题教育党课。

▲ 2015 年 10 月 16 日，中共河北省委常委、唐山市委书记焦彦龙与第五届全国道德模范、公司职工郑久强座谈。

▲ 2015 年 3 月 23 日，中国投资有限责任公司董事长丁学东（右二）一行来公司访问。

▲ 2014 年 7 月 16 日，公司举行物联宝上线暨推介仪式。

▲ 2015 年，全国同行业处理能力最大、工艺最先进的公司水处理中心处理工业废水 1277.37 万立方米，回用工业废水 893.71 万立方米，水资源重复利用率 99.5%，废水处理合格率居行业领先水平。

▲ 2015 年，公司利用余热余能自发电量 3.4 亿千瓦时。

▲ 2015 年，公司进一步强化节能减排和环保管理，高炉煤气利用率达到99.89%，污染物综合排放合格率继续保持 100%。

◀公司加快产品升级和结构调整步伐，激发内生动力，2014~2015 年，开发新品种 90 余项。

▶紧扣“走进市场，服务用户”主题，公司进一步提升技术质量服务水平，为用户提供售前、售中、售后服务，提高客户满意度。

▶公司投建高强度汽车板技术改造项目，作为优化产品结构、加快转型升级、提升综合竞争力的重要战略举措，该生产线寄托着公司建设国际一流钢铁企业的梦想。

▲ 2015 年 1 月 15 日，高强度汽车板技术改造项目酸轧产线第一卷产品下线。

▶在 2014 年 1 月 10 日召开的国家科学技术奖励大会上，公司“钢铁企业低压余热蒸汽发电和钢渣改性气淬处理技术及示范”项目获国家科学技术进步奖二等奖。

国家科学技术进步奖

证　书

为表彰国家科学技术进步奖获得者，特颁发此证书。

项目名称：钢铁企业低压余热蒸汽发电和钢渣改性气淬处理技术及示范

获 奖 者：唐山钢铁集团有限责任公司

奖励等级：二等

2013 年 12 月 25 日

证书号：2013-J-21501-2-01-D02

▲ 2014 年 4 月 30 日，公司举行庆祝“五一”国际劳动节歌咏大会。

▲ 2015 年 5 月 27 日，公司在唐钢文化广场举行青年集体婚礼庆典仪式。

▲ 本书主要编审人员合影，部分编审人员因工作调动未能到场。

序

《唐钢大事记》（2014~2015）是河钢唐钢编辑出版的第十部综合性企业大事记，全面客观地记述了公司2014~2015年发展历程及重大事件。作为一部资料性工具书，《唐钢大事记》（2014~2015）的编辑出版，对于加强河钢唐钢党史厂志研究与企业文化建设具有重要意义。

2014~2015年，国家经济发展进入新常态，钢铁产业告别产量高速增长的时代，步入去产能进程。随着市场需求增长逐步放缓，粗钢表观消费量下滑，钢铁产业进入峰值平台期的特征更加明显。在此形势下，河钢唐钢认真贯彻党的十八大及十八届三中、四中、五中全会精神，不折不扣落实河钢集团的决策部署，坚持以改革创新为主线，加快建立直面市场的经营体制、运营机制和保障体系，积极推进产品升级和结构调整，努力应对各种困难和挑战，全力突破经营困境，使公司在异常严峻的市场形势下保持了稳定健康的发展态势。

这一时期，河钢唐钢生产经营保持稳定顺行，累计产铁3151.66万吨，钢3051.9万吨，钢材2959.95万吨，实现营业收入1022.06亿元，利税26.43亿元，其中利润10.61亿元。

——市场应对能力显著增强。深化大部制改革、一贯制管理，企业资源趋向集约化；摒弃高成本、高产量、高负债支撑的生产组织模式，经济运行水平不断提高；继续推行精益生产、全面预算、非钢单位“一厂一策”等举措，管理变革成效显著；形成直面市场的营销服务体系；成本控制力显著提升。

——产品结构不断优化。产线对标取得阶段性成果，品种质量明显改善，高附加值产品比例不断提升。以热轧薄规格产品、马口铁基板、高碳钢、电工钢等为代表的系列产品在竞争中占据优势地位。高强度汽车板项目投产后，在高端家电板和汽车板产品开发方面实现历史性突破，带动了公司产品结构与客户结构迈向中高端。

——绿色转型成为业内样本。深植绿色转型理念，拓展可持续发展内涵，更加注重清洁生产、绿色制造、生态建设，巩固城市型钢铁企业与城市和社会和谐共存、良性互动、融合发展的成果，将能源资源高效利用、环境保护等优势转化为开拓国内外市场的品牌竞争优势，让“世界上最清洁的钢厂”这一名片更加熠熠生辉。

——非钢产业健康协调发展态势良好。初步形成多元化产业格局，构建了产品深加工、能源环保等六大产业集聚；大幅承接和消纳了主业附加成本；非钢单位公司化、市场化进程加快，拥有了区域竞争力强和市场前景好的优势产品；成功涉足 LNG、LED 等战略性新兴产业领域。与钢铁主业协同效应初显，非钢效益增长极作用逐步放大。

——国际化进程加速推进。产品出口实现跨越式发展，

2014年总量增至404万吨，出口比例达到行业领先水平，产品远销世界80多个国家。国际交流与合作日趋广泛深入，在项目、融资、技术等方面与国际知名企业开展全方位合作，国际化经营水平不断提升。

——信息化应用成效逐步显现。五期工程全部上线，标准化、自动化、信息化“三化融合”进入全面应用阶段。订单设计、生产排程、全工序质量管理等系统日益完善，实现了由单项覆盖向全系统集成提升过渡。日清日结深入开展，有力支撑了企业生产运营和规范管理。

——改革创新实现良好开局。扎实推进作业长制、全员绩效管理，改革试点初见成效；专家制度改革进展顺利；事业部制、大客户经理制等一系列改革方案有序落地；完全引入市场化体制机制。

——党的各项工作全面加强。深入贯彻落实全面从严治党要求，坚定不移加强党的建设；高度重视并认真抓好省委巡视组反馈意见整改；不断强化党的政治建设、思想建设、组织建设、作风建设、纪律建设及制度建设；关心关注职工生活，最大限度地激发了职工的幸福感和创造热情；在教育培训、岗位创新等方面持续发力，职工队伍素质进一步提升；高端人才培养、使用和管理工作富有成效。

《唐钢大事记》（2014~2015）以时间轴的方式展示了两年间发生的大事要事，还原了“十二五”中后期企业发展的一系列重点工作，再现了全体干部职工在波谲云诡、错综复杂的市场环境中作出的艰辛努力和不懈奋斗，集中反映了公司两年间发生的主要变革及取得的巨大成就。

史志的功能，在于帮助人们认识过去，建设现在，开创未来。站在新时代的发展起点上，河钢唐钢以党的十九大精神作为行动指南，以建设最具竞争力钢铁企业为愿景，接续传承75年历史文化，改革不停顿、创新不止步，向着“十三五”宏伟目标阔步迈进！

河钢唐钢党委书记、董事长

2018年3月

编辑说明

《唐钢大事记》（2014～2015）采用编年体，以时系事。对部分时间延续较长的事件，为表现其完整性，跨月、跨年记叙了全过程。全书分记事和附录两部分。记事部分主要记述了企业生产经营、改革发展、基建技改、管理创新、技术进步、党群工作、文化教育、职工生活以及领导视察、国外友人和合作单位的专家学者来访、重要会议等事项；附录部分收集了集体及个人荣誉称号、统计资料等内容。

《唐钢大事记》（2014～2015）的出版，得到了公司各级领导的关心支持以及公司各单位、各部门的大力帮助，在此谨致谢忱。

由于编辑水平所限，恐有漏误之处，敬请读者指正。

河钢唐钢党史厂志编辑部

2018年1月

目　　录

附　　录

2014年

1月

1月1日

△　面对河北钢铁集团下达的5亿元利润目标，公司积极贯彻落实集团2014年工作会议精神，成立了13项重点工作攻关组，针对清理外用工、产销研一体化和重点产品攻关，外委外雇及维修备件采购费用“归零”，钢材销售直销率、周边市场和重点工程销售量提升，出口工作，工艺成本攻关，质量成本攻关，物流成本降低，能源成本降低，结构成本优化，设备备品备件费用控制，生产性辅料费用控制，融资工作等难点组织项目实施，拉开了公司2014年全力突破经营困境、确保实现利润目标的大幕。

△　公司实施以“利润+现金流”为核心的关键绩效指标考核体系。

1月3日

△　中央第三十督导组副组长王庭大一行来公司炼铁南区检查高炉及烧结脱硫等环保设施运行情况。公司副总经理刘键陪同检查。

1月6日

△　炼铁部2号高炉及配套设施改造工程竣工。该项目于2013年10月28日开工建设，概算投资1.30亿元，由唐山钢铁国际工程技术有限公司设计，河北钢铁建设集团有限责任公司承揽施工。主要项目包括更换炉底三层炭砖、陶瓷杯及风口组合砖，更换炉体6~8段和其他部分损坏的冷却壁及炉壳，炉缸内炭砖爆破拆除，高炉炉顶设备更换改造，水渣天车更新改造，铸铁机设备改造等。

△　作为炼铁部北区2~3号高炉出铁场除尘改造工程之一，2号高炉出铁场除尘改造项目竣工。3号高炉出铁场除尘改造随1月17日高炉大修同步启动。全部工程概算投资6879.54万元，由唐山钢铁国际工程技术有限公司设计，唐山天鸿建筑安装公司、宣化环保公司承揽施工。主要项目包括更换2号高炉1.39万平方米除尘器滤袋，

更换除尘风机、出铁厂平台改造等；更换3号高炉1.39万平方米除尘器滤袋，拆除180平方米除尘器，就地建设1.4万平方米除尘器、渣铁沟及炉顶消音除尘改造等。

△　检修工程公司按照炼铁、炼钢、轧钢等专业将15个检修部整合为5大检修部和2个分公司，开始实施专业化、扁平化管理模式。

1月7日

△　公司召开第二十一届职工代表大会第八次会议。共有278名职工代表出席会议。公司总经理王兰玉作《行政工作报告》，党委书记、副总经理王新东就落实会议精神提出要求，党委副书记、工会主席刘亦兵主持会议。会议审议通过了《行政工作报告》《2014年生产经营计划》《2014年经济责任制总体方案》《劳动合同管理办法》《厂纪条例》等9项议案。会议提出2014年生产经营方针：以转变经营机制为动力，以还原钢铁主业先进性为目标，坚持“低成本，高效率”经营策略，强化全资源成本概念和全员经营意识，狠抓运营效率提升、费用控制、现金流管理和节能环保工作，推动内部单元由生产型向生产经营型转变，努力完成钢铁主业经营任务和非钢板块创效目标，实现企业全面盈利，加快最具竞争力钢铁企业建设。

△　炼铁部北区3号高炉煤气除尘系统湿法改干法工程建设完工。工程概算投资9537万元，由唐山钢铁国际工程技术有限公司设计，河北华奥节能科技有限公司筹资建设，于2013年11月24日开始施工。主要项目包括3号高炉煤气余压透平发电装置（TRT）主体改造、煤气系统管网改造、新建煤气除氯系统、新建3号高炉煤气干法除尘器、新建调压阀组及消声器等。

△　中冶南方工程技术有限公司副总经理臧中海一行来公司访问。公司总经理王兰玉等会见客人。

1月8日

△　气体公司炼钢制氧作业区实现高压氮压机远程集中控制，全年累计节能降耗60余万元。

1月9日

△　公司团委开展“走进市场、服务用户、青年当先”活动。

△　热轧部轧二车间丁班生产 1.0 毫米厚度规格 SPHT-DF 低碳结构钢 559 吨，创该规格产品班产最高纪录。

1 月 10 日

△　不锈钢公司 1580 毫米生产线年产 300 万吨技改工程开工建设。项目概算投资 1.25 亿元，由中冶京诚工程技术有限公司、唐山钢铁国际工程技术有限公司设计，中冶京诚工程技术有限公司、上海嘉德环境能源科技有限公司、唐山天鸿建筑安装工程有限公司承建。该项目建设内容包括 1 号连铸机在线、离线及公辅设施改造；第二出坯跨 30/5 吨天车改造等。该项目主要为配合高强度汽车板项目，将 1580 毫米生产线的产能提高至年产 300 万吨的生产能力。

△　在中共中央、国务院隆重举行的国家科学技术奖励大会上，公司“钢铁企业低压余热蒸汽发电和钢渣改性气淬处理技术及示范”研究成果获得 2013 年度国家科学技术进步奖二等奖。该项目是国家“十一五”科技支撑计划项目，由河钢唐钢、河北联合大学、中国钢研科技集团公司、北京科技大学联合承担。这是继 2007 年公司超薄热带项目获得国家科技进步奖二等奖之后第二次获此奖项。

△　舞钢公司副总经理谢良法率队来公司对标交流。公司总经理王兰玉等在会议中心与客人座谈交流。

1 月 12 日

△　集团董事长、党委书记，公司董事长于勇在中国钢铁工业协会 2014 年理事（扩大）会议上，当选中国钢铁工业协会副会长。

1 月 15 日

△　公司下发《关于调整运营改善部和自动化信息公司相关职能的通知》，将信息化建设、相关系统开发职能及人员由自动化信息公司成建制划归运营改善部。

△　公司总经理王兰玉走访慰问公司劳动模范和困难职工。

1 月 16 日

△　公司下发《关于鼓励有条件的非钢单位推进薪酬制度改革的指导性意见》，推进各非钢单位公司化、市场化运营，引导各非钢单位薪酬制度改革。

1 月 17 日

△　公司正式为河北钢铁集团矿业公司司家营矿区提供工厂物业服务，打响了公司非钢产业借助集团平台，参与集团内部资源优化配置、推墙入海的“第一枪”。

△　公司党委书记、副总经理王新东走访慰问公司劳动模范和困难职工。

1 月 19 日

△　炼铁北区 2~4 号烧结机烟气脱硫工程通过唐山市环境保护局组织的环保项目竣工验收。

1 月 20 日

△　公司第七届董事会第二十六次会议审议通过了向河北华奥节能科技有限公司增资事项，其中：货币增资 4600 万元，计入注册资本，增资完成后，华奥公司注册资本由 5400 万元增至 1 亿元；债权转投资 3096.98 万元，计入资本公积。

△　公司第七届董事会第二十六次会议审议通过了与唐钢美锦（唐山）煤化工有限公司、唐山冀东乐业铁路货物储运有限公司合资设立唐山唐钢美锦物流有限公司事项。合资公司注册地址在唐山市滦县司家营循环经济园区（古马镇张边庄村南），注册资本 1.2 亿元。

1 月 22 日

△　河北钢铁集团在会议中心召开唐钢公司干部大会，宣布集团对公司领导班子进行调整的决定。集团董事长、党委书记于勇出席大会并发表重要讲话。集团党委副书记、纪委书记邢强主持大会并宣布集团决定。公司领导班子成员、全体中层干部和公司专家参加会议。经集团公司、集团公司党委研究决定，集团董事长、党委书记于勇不再兼任唐钢公司董事长、董事职务，王兰玉任唐钢公司董事长，不再担任唐钢公司总经理职务，田欣任唐钢公司总经理、副董事长、党委副书记，刘键调任国贸公司总经理、党委副书记，不再担任唐钢公司副总经理、董事、党委常委职务。

1 月 23 日

△　公司召开产销研一体化动员大会。公司董事长王兰玉强调，

要从公司生存和发展的战略高度认识产销研一体化工作，坚定不移地推进公司产销研一体化建设。同时，公司成立了8个项目组。公司总经理田欣、副总经理李一栋出席会议。

1月24日

△ 公司举行离退休职工2014年春节团拜会。公司董事长王兰玉，党委副书记、工会主席刘亦兵出席团拜会，公司离退休职工代表60多人参加了团拜会。

1月25日

△ 公司总经理田欣走访慰问公司劳动模范和困难职工。

1月25~26日

△ 公司董事长王兰玉、总经理田欣等公司领导走访慰问公司离退休老领导及部分老领导遗属。

1月27日

△ 德高公司专家组组长、工程技术专家苏希尔向唐山科技职业技术学院捐款10万元。

△ 公司召开民主党派、无党派人士座谈会，通报公司当前生产经营情况和2014年重点工作举措。

1月29日

△ 公司举行迎新春团拜会。公司董事长王兰玉发表重要讲话。

△ 公司召开2014年第一次安全生产工作会议。公司董事长王兰玉主持会议并讲话。公司领导班子成员出席会议。

1月30日

△ 公司编制下发《信息化管理办法》。

△ 非钢事业部编制下发《非钢单位2014年资产经营责任制》，全力推进非钢单位公司化、市场化运营，充分发挥绩效管理的激励和导向作用。

1月

△ 公司纪委制定出台《公司职工违反廉洁勤政工作纪律的处理细则》。

△ 冷轧部累计发货22.56万吨，缴库22.51万吨，1号镀锌

机组镀锌产品产量达到3.54万吨，2号酸洗机组酸洗产品产量达到5.5万吨，罩退机组罩退产品产量达到8.67万吨，均创月度最高纪录。

△ 公司工艺消耗件费用发生4123.06万元，同比降低12.77元/吨。

△ 中厚板公司转炉煤气回收量完成141.34立方米/吨，达到行业先进水平。

△ 中厚板公司成功降低精炼电耗4.8千瓦时/吨，降低成本约2.6元/吨。

△ 新事业公司开始向唐钢公司供应低温脱硫化纤除尘布袋和高炉煤气高温玻纤除尘布袋。

2月

2月1日

△ 公司本部职工通勤车实现社会化运营。

2月5日

△ 公司职工自主研发的“一种板材拉伸试样刻划标距装置”（专利号201320453131.6）获国家实用新型专利。

△ 公司职工自主研发的“一种防止乳化液进入测张辊轴承的密封装置”（专利号201320485703.9）获国家实用新型专利。

△ 公司职工自主研发的“一种干燥器主风机轴承箱润滑脂自动更新装置”（专利号201320485753.7）获国家实用新型专利。

△ 公司职工自主研发的“一种防止矫直机传动键脱落的装置”（专利号201320485744.8）获国家实用新型专利。

△ 公司职工自主研发的“一种干熄焦旋转密封阀人孔快速启闭装置”（专利号201320489365.6）获国家实用新型专利。

△ 公司职工自主研发的“一种镀锌线炉鼻子的抽锌渣装置”（专利号201320503960.0）获国家实用新型专利。

△ 公司职工自主研发的“一种自动清理酸再生浓缩酸管道中氧化铁粉装置”（专利号201320508763.8）获国家实用新型专利。

△　公司职工自主研发的“一种用于解决空气吹扫压力低的气源管路”（专利号201320508637.2）获国家实用新型专利。

△　公司职工自主研发的“用于干熄焦焦罐转运过程中的定位装置”（专利号201320508611.8）获国家实用新型专利。

△　公司职工自主研发的“一种使用效果更好的低水熄焦水锤消除装置”（专利号201320536298.9）获国家实用新型专利。

2月6日

△　新事业公司10万吨转炉除尘灰冷固球团工程开工建设。项目概算投资3806.1万元，由唐山钢铁国际工程技术有限公司设计，主体工程由唐山嘉泰建筑安装有限公司施工，热烟气外网系统、烘干仓部分由河北钢铁建设集团有限公司施工，车间及道路照明工程由唐山瑞丰建业集团有限公司施工。

2月8日

△　公司正式下发《关于在非钢单位中实施全面预算管理的安排意见》，组织各非钢单位搭建符合本单位特点的全面预算管理体系。

△　公司召开网络销售工作会议，就废旧物资网上销售工作进行安排部署。公司副总经理李茂广出席会议并讲话。

2月10日

△　热轧部1700毫米生产线和1810毫米生产线轧机牌坊改造工程开工建设。项目概算投资602.46万元。主要建设内容包括1700毫米生产线粗轧机R1牌坊改造，1700毫米生产线精轧机F1、F2、F5牌坊改造，1810毫米生产线精轧机F3、F4、F5牌坊修复和精度改造等。该工程由唐山唐宝检测技术服务有限公司承建。

2月14日

△　公司团委在热轧部举行“新思维迎挑战勇担当，争当创新增效排头兵”系列活动启动仪式。

△　中冶焦耐公司党委副书记杨忠义一行来公司访问。公司董事长王兰玉在会议中心与客人座谈。

△　西门子（中国）有限公司冶金技术部总裁吕崇德来公司访问。公司董事长王兰玉在会议中心与客人座谈。

2 月 17 日

△ 公司团委开展“做岗位创新创效先锋”主题团日活动。

△ 浦项 ICT 钢铁营业本部常务崔东益一行来公司访问。公司副总经理李一栋与客人座谈交流。

2 月 20 日

△ 公司高强度汽车板项目连退机组炉区设备工艺钢结构第一根柱子立起，标志着该项目正式进入设备安装阶段。

△ 国家开发银行河北省分行行长常思勇一行来公司访问。公司总经理田欣在展示厅与客人座谈。

△ 不锈钢公司首批出口泰国的 1000 吨日标 SS400Cr 优质结构钢在 1580 毫米生产线成功下线。

2 月 21 日

△ 公司党委召开党的群众路线教育实践活动动员大会。大会认真贯彻中央、省委、省国资委党委和集团公司党委的要求，对公司深入开展党的群众路线教育实践活动进行动员和部署。公司董事长王兰玉主持会议，党委书记王新东作教育实践活动动员讲话，总经理田欣宣读《关于深入开展党的群众路线教育实践活动的实施方案》。公司领导刘亦兵、王春东、李茂广出席大会。

2 月 23 日

△ 不锈钢公司首批出口德国的 1170 吨 S335MC 汽车钢在 1580 毫米生产线成功下线。

2 月 24 日

△ 公司完成对河北华奥节能科技有限公司增资，注册资金增至 1 亿元，取得新营业执照。

2 月 25 日

△ 唐钢集团完成法定代表人的工商登记变更，于勇不再担任唐钢法定代表人，改由王兰玉担任。

△ 为满足公司公务用车集中管控业务需求，公司经营范围增加了“汽车租赁”项目。

△ 澳大利亚驻华大使孙芳安一行 5 人在唐山市副市长曹全民的陪同下来公司参观访问。公司董事长王兰玉在展示厅会见客人。

△　不锈钢公司客户衡水薄板公司首次通过河北钢铁交易中心在线融资方式订购马口铁产品，该合作方式成功扩大了用户资金来源，进一步提高了公司与用户共同抵御市场风险的能力。

2 月 26 日

△　威立雅工业中国区总裁杜吉耀一行来公司访问。公司董事长王兰玉会见客人。

△　中国工程院院士殷瑞钰来公司进行技术交流。公司副总经理李一栋参加交流。

△　重机装备公司成功为舞钢生产 ϕ1120 毫米×4100 毫米宽厚板生产线用大离心轧辊。该辊毛坯长度 9. 92 米，重达 54. 60 吨，净重 42. 86 吨，创造了该公司生产单支轧辊最重纪录。

2 月 27 日

△　天津滨海新区军事部部长王庭俊一行在唐山军分区司令员李汝翔、参谋长汪勇陪同下，来公司参观考察武装工作。公司党委副书记、纪委书记王春东在展示厅与客人座谈交流。

2 月 28 日

△　唐钢华冶（天津）钢材加工配送中心一期项目生产线全部热试成功。该项目于 2012 年 12 月开始打桩，概算投资 4. 23 亿元，建设内容包括冷轧、热轧厂房，9 条剪切加工生产线基础施工及设备安装，30 台天车设备安装及环场道路施工等。

2 月

△　公司以“温暖万家，爱在钢城”为主题，全面做好 2014 年元旦、春节两节慰问工作。重点对特困职工、工亡、震亡家属及一线生产骨干进行了走访慰问，累计发放慰问款物 290 余万元，慰问职工 1. 9 万人次。

△　公司引入河北钢铁集团统一网络销售平台，废次材、含铁料等逐步实现网上销售。

△　公司开展“坚决打赢 2014 年扭亏增盈攻坚战”主题宣传教育活动。

△　公司棒材螺纹钢交货方式由检斤改为检尺。

△　公司成功生产牌号为 HC260YD+Z 的汽车用高强双相镀锌钢

板，产品各项性能指标均符合客户要求标准。这一产品的成功下线，为公司高端汽车用镀锌产品再添新成员，进一步提升了企业创效能力。

△ 重机装备公司成功为长材部开发 ϕ365 毫米×600 毫米高速钢轧辊，该技术在国内处于领先水平。

△ 公司制定下发《内部单位设备检修管理办法（试行）》，推行维修工时结算体制和年度承包结算方式，理清工作职责与界面划分，以期充分利用公司内部非钢单位检修资源。

△ 公司出口钢产量达 34.8 万吨，出口钢比例超 31%，较上年同期的 18.11%实现大幅提高。

3 月

3 月 1 日

△ 公司东 110 千伏中央变电站和铁北 110 千伏中央变电站 4 台主变压器全部实现降容运行，累计降低主变压器总容量 6 万千伏安，在保证公司各生产单位安全可靠用电的基础上，年可节约变压器容量费 1300 万元。

△ 热轧部实行连铸中包耐材整体承包结算模式。

3 月 3 日

△ 浦项（中国）投资公司技术部部长白承铉一行 4 人来公司访问。公司副总经理李一栋与客人座谈交流。

△ 公司召开贯彻落实集团系列会议精神专题会议，提出管理者要负起管理责任、技术人员要负起技术责任，全体职工要共同担负起企业的命运，为保企业生存发展而战，为保职工收入而战，打一场扭亏增盈的信心之战。

△ 不锈钢公司引入精益生产管理模式，着力建立恒定拉速及油品消耗管控模型。

3 月 5 日

△ 鞍钢鲅鱼圈钢铁分公司副总经理于峰一行来公司访问。公司副总经理李一栋与客人座谈交流。

3 月 6 日

△ 公司邀请中国人民大学黄卫平教授来公司作《经济形势与

企业转型发展》专题讲座。公司董事长王兰玉主持讲座。公司总经理田欣，公司领导刘亦兵、刘贞锁、王春东、李一栋、李茂广，各单位厂部级副职以上领导干部以及公司专业专家和基层党支部书记、科级干部代表200多人聆听了讲座。

△　三菱商事（中国）商业有限公司全球环境与基础设施事业部总经理野中圣仁来公司参观访问。公司副总经理李一栋在展示厅与客人座谈交流。

△　浦项ICT副社长李仁峰一行来公司访问。公司董事长王兰玉在会议中心与客人座谈。

3月6~7日

△　公司召开四场党的群众路线教育实践活动座谈会，征求各层次职工对公司领导班子和领导干部以及公司发展的意见和建议。公司董事长王兰玉，总经理田欣，公司领导刘亦兵、王春东分别出席座谈会。

3月7日

△　长材部二次除尘系统改造工程开工建设。工程概算投资1455.39万元，由唐山市远大建筑安装工程有限公司总包建设，主要更换现有8套二次除尘系统袋笼、更换除尘器顶盖密封毛毡等。改造后二次除尘系统达到特别排放浓度限值15毫克/立方米以下，满足国家环保新标规定。

△　公司开展非钢单位对公司内部市场、资源占用情况的调查活动，以推动非钢单位提高内部市场占有率和内部资源掌控率。

3月8日

△　热轧部受钢2号240吨天车主小车整体改造项目竣工。项目概算投资551万元，由大连华锐重工起重机有限公司设计施工，主要包括主减速机齿轮由中硬齿面改为硬齿面、制动轮改为盘式结构等改造项目。此项目于2014年2月26日开工。

3月10日

△　不锈钢公司升级改造工程开工建设。项目概算投资5.15亿元，由唐山钢铁国际工程技术有限公司设计，河北省安装工程有限公司、唐山市天鸿建筑安装工程有限公司承建，主体设备由西门

子奥钢联提供。此项目系唐钢高强度汽车板项目配套工程，主要建设内容包括AOD精炼炉改造及2号、3号转炉实现自动化炼钢；增上RH真空精炼装置及1号LF炉、3号LF炉增上L2系统；3号板坯连铸机功能完善；1580毫米生产线热轧功能完善及配套公辅设施。

△ 长材部三期6号连铸机平台安全加固改造工程竣工。项目概算投资1248万元，由中冶京诚设计，唐钢检修工程公司承建。主要项目包括6号连铸机大包回转台、拉矫系统、引锭存放装置、剪前辊道及冷床系统改造等。

3月11日

△ 公司与唐山鸿鹏实业集团有限公司共同组建的唐山钢铁集团唐山鸿鹏焊业焊接材料研究所正式成立。

△ 成发科能公司总经理张智军一行来公司访问。公司党委书记、副总经理王新东与客人座谈。

△ 公司团委开展“新思维迎挑战勇担当，争当创新增效排头兵”主题团日活动。

3月11~12日

△ 河北省国资委驻河北钢铁集团监事会主席李俊渠来公司调研并开展专项检查工作。公司董事长王兰玉作了关于公司2013年生产经营情况以及2014年生产经营计划和1~2月完成情况的汇报。公司总经理田欣，总会计师刘贞锁参加汇报会。

3月12日

△ 公司召开5S/TPM管理工作会议。公司董事长王兰玉出席会议并作重要讲话。他强调，要充分认识加强5S/TPM管理工作的意义，不断强化持续改善的工作理念，进一步激发全员参与的积极性，提高对数据整理的认识，积极导入精益生产管理，推动公司核心竞争力持续提升。

△ 德高公司总部行政总监朱塞佩一行来公司访问。公司副总经理李一栋与客人座谈交流。

△ 宝钢轧辊科技有限公司总经理、执行董事管雄华来公司访问。公司副总经理李一栋与客人座谈交流。

△　公司团委开展“青年志愿者擦亮窗口”活动。

3月14日

△　渤海钢铁集团党委副书记、总经理严泽生一行来公司对标交流。公司董事长王兰玉、总经理田欣与客人座谈交流。

△　公司团委在技术中心举行“如何打造创新增效排头兵”主题团日活动。

3月15日

△　长材部3号连铸机大包回转台改造项目竣工。该项目总投资387.05万元，由中冶京诚工程技术有限公司设计，唐钢检修工程公司承建。

3月17日

△　公司党委召开2014年工作会议。会议强调，深入学习贯彻党的十八届三中全会精神，围绕落实河北钢铁集团2014年工作会议和公司职代会确定的各项部署，引导和动员公司各级党组织和广大党员干部进一步认清形势、明确任务，迎难而上、主动作为，扎实开展党的各项工作，深入推进公司各项改革，加快公司整体竞争力提升步伐，确保打赢扭亏增盈攻坚战，圆满完成集团下达的2014年生产经营任务。公司董事长王兰玉主持会议，并结合公司当前工作和党员干部队伍建设实际作重要讲话。公司党委书记、副总经理王新东对公司2013年党委工作进行总结，并就做好2014年党委工作提出要求。公司总经理田欣，公司党委领导刘亦兵、王春东、李一栋、李茂广出席会议。

△　炼铁部北区3号高炉出铁场除尘改造工程竣工。

△　炼铁部3号高炉技术改造项目竣工投入运行。该项目概算投资9400万元，于2014年1月17日开工建设，由唐山钢铁国际工程技术有限公司设计，河北钢铁建设集团有限责任公司承揽施工，主要建设项目包括重新砌筑炉缸碳砖及陶瓷杯、炉前开口机改造等。

3月18日

△　公司被河北省安全生产监督管理局列为河北省首批35家安全文化建设示范企业之一。

3 月 20 日

△ 公司团委举办“修旧利废，青年当先”经验交流会。

3 月 21 日

△ 河北钢铁集团公司党委常委、工会主席齐跃章到公司调研。公司党委副书记、工会主席刘亦兵汇报了公司 2014 年工会工作思路和重点工作。

△ 公司在高强度汽车板技术改造项目部组织义务植树活动。公司董事长王兰玉、党委书记王新东、总经理田欣，公司领导刘贞锁、王春东、李茂广，以及公司二级单位主要领导、机关干部近百人参加了义务植树活动。

3 月 23 日

△ 唐钢华冶公司与山东华兴机械股份有限公司签订波浪腹板 H 型钢生产线购买合同。波浪腹板 H 型钢是近几年在少数欧洲国家刚刚兴起的一种新型高效型材，该型材与同尺寸规格的直面腹板钢构件相比，可节约原材料 20%~60%，承重能力更强，可实现更经济的宽幅连接结构。

3 月 24 日

△ 不锈钢公司首批 428 吨 Q345D 低合金高强度结构钢发往北美。

3 月 25 日

△ 公司编制下发《关于规范非钢单位生产性物资及辅料供应系统管理的指导性意见》，对理顺非钢单位供应管理流程具有重要指导意义。

△ 公司编制下发《关于对非钢单位〈管控体系〉组织部门联审的通知》，组织公司九部室开展管控体系联审活动。

△ 河北省政府研究室副主任薛志敏一行就“城市钢铁企业发展问题”来公司调研。公司董事长王兰玉在会议中心与客人座谈交流。

3 月 27 日

△ 教育中心与共青团唐山市委、中国移动唐山分公司、唐山市学生联合会联合举办“弘扬爱国情 共筑中国梦”——唐山市第一届

动感地带青年歌手大赛校区决赛。

3月28日

△ 唐山国丰钢铁有限公司副董事长、总经理李国兴率队来公司对标交流。公司总经理田欣在会议中心与客人座谈。

3月29日

△ 公司生产的TCX610L高强度酸洗汽车大梁钢首次投放市场，经汽车制造厂进行冲压汽车配件、装车试验，各项指标均达到工艺技术要求，得到市场认可。

△ 公司举办领导干部防范法律风险专题讲座，引导中层领导干部深刻认识法律风险给生产经营带来的严峻挑战，进一步提高领导干部防范法律风险意识，增强抵御各类法律风险的能力。

3月31日

△ 公司党委召开2014年党风建设和反腐倡廉工作会议。公司董事长王兰玉主持会议，党委书记、副总经理王新东作重要讲话。会议对公司2013年党风建设和反腐倡廉工作进行总结，安排部署2014年重点工作。2014年公司反腐倡廉工作总的指导思想是：以党的十八大、十八届三中全会为指导，认真贯彻落实中纪委全会和省纪委全会精神，按照省国资委、集团和公司党委的决策部署，坚持“融入中心、服务大局”工作理念，以党的群众路线教育实践活动为契机，以落实中央“八项规定”、反对“四风”，持续推进惩防体系建设为主线，以深化纪检监察“1341”工作机制为抓手，突出抓好作风建设、监督监察、案件查处、廉政教育等重点工作，全面推进公司反腐倡廉建设，为公司实现扭亏增盈目标提供坚强保证。就落实2014年党风建设和反腐倡廉工作会议精神，王兰玉强调，一是要认真贯彻会议精神，扎实做好党风建设和反腐倡廉工作。二是要充分发扬干部队伍的优良传统，努力营造廉洁勤政干事业、克己奉公谋发展的生动局面。三是各级领导干部要肩负责任、身体力行，全力营造风清气正的环境氛围。

3月

△ 炼铁部180平方米烧结机脱硫改造工程开工建设，概算投资610万元。项目投产后，FGD入口浓度将不高于2000毫克/立方米，

脱硫效率不低于95%，出口二氧化硫浓度不高于100毫克/立方米，满足国家环保烟气脱硫排放要求。

△ 公司完成钢泉楼139户征收居民的住房腾退工作。

△ 动力部通过实施设备技改，成功降低干燥器电耗约30%，年可节约电费105万元。

△ 钢源冶金炉料公司环保污染物排放在线监测系统正式投入运行。

△ 河北钢铁股份有限公司唐山分公司完成负责人工商变更，于勇不再担任河北钢铁股份有限公司唐山分公司负责人，改由王兰玉担任。

4月

4月1日

△ 公司参加全国钢铁行业共青团工作指导和推进委员会工作会议，公司职工卢河川作为全国钢铁行业最美青工典型代表，上台领奖并接受媒体采访，成为河北钢铁集团唯一获此荣誉的青工。

4月2日

△ 酒泉钢铁集团有限责任公司党委副书记吴国贤一行5人来公司访问。公司党委副书记、工会主席刘亦兵与客人座谈交流。

4月5日

△ 公司团委利用青年QQ群等网络新媒体开展“文明祭扫、绿色出行”活动。

4月8日

△ 公司团委举办“青春的使命，青年的责任”党的群众路线教育实践活动座谈会。

4月9日

△ 石家庄海关关长连文生一行来公司调研。公司副总经理李一栋在展示厅与客人座谈交流。

△ 公司职工自主研发的“大型轴类零件检修专用起落架”（专利号201320536418.5）获国家实用新型专利。

△ 公司职工自主研发的“一种轧机导卫随动装置”（专利号

201320559357.4）获国家实用新型专利。

△　公司职工自主研发的“一种辊底加热炉板坯自动对中装置”（专利号 201320588677.2）获国家实用新型专利。

4 月 10 日

△　公司开始推行日清日结工作。

4 月 11 日

△　河北省环保厅副厅长李葆带领省钢铁企业拆除烧结机烟气旁路技术论证会与会人员来公司参观。公司副总经理李一栋在展示厅向客人介绍了公司站在长远发展和勇于承担社会责任的高度，大力开展节能减排，实施清洁生产的有关情况。

△　国家发改委顾问、中国投资协会名誉会长石启荣一行 6 人来公司调研。公司董事长王兰玉在会议中心与客人座谈。

4 月 15 日

△　宝钢集团总经理何文波一行 26 人来公司考察。公司董事长王兰玉，党委书记、副总经理王新东，总经理田欣，副总经理李一栋等在会议中心与客人座谈交流。

△　炼铁北区铸铁机系统改造工程建成投产。该项目于 2013 年 11 月 20 日开工建设，概算投资 3558.24 万元，由唐山钢铁国际工程技术有限公司设计，唐山市嘉泰建筑安装有限公司、河北钢铁建设集团有限公司、中铁十六局集团第五工程有限公司承包建设。主要建设内容包括已有铸铁机车间及配套公辅设施整体拆迁，易地新建一个铸铁机车间及配套公辅设施。

△　炼铁部焦化一区 2 号焦炉停产。

4 月 16 日

△　公司召开 2013 年度总结表彰暨 2014 年挖潜增效推进大会。公司董事长王兰玉发表重要讲话。大会宣布了公司《2013 年度挖潜增效奖励决定》和《2014 年挖潜增效奖励办法》，对 2013 年生产经营情况进行总结，部署 2014 年挖潜增效工作，下达公司 2014 年 55 亿元挖潜增效计划。对 14 个先进单位、5 个先进集体、33 名劳动模范、345 名先进生产工作者进行表彰。

△　公司职工自主研发的“一种热轧轧辊轴承座拆卸装置”（专

利号 201320588676. 8）获国家实用新型专利。

△ 公司职工自主研发的“一种立式离心喷淋浇注装置”（专利号 201320624841. 0）获国家实用新型专利。

4 月 17 日

△ 中国劳动保障科学研究院院长刘燕斌带领“化解产能过剩中就业与职工安置情况”调研组来公司调研。公司总经理田欣，党委副书记、工会主席刘亦兵在会议中心与调研组座谈。

△ 中国进出口银行北京分行行长汤银莲一行来公司访问。公司总会计师刘贞锁在展示厅与客人座谈交流。

△ 渤海钢铁集团有限公司党委常委、副总经理许克亮，天津市东丽区人民政府副区长张洪宝一行 10 人来公司考察。公司副总经理李一栋与客人座谈交流。

4 月 18 日

△ 公司团委开展“专业技能提升，岗位技术对标”活动，旨在进一步提高一线青工的技术操作水平。

4 月 21 日

△ 公司召开 2013 年度企业管理现代化创新成果评审会，共有 198 项成果获奖，其中一等奖 22 项，二等奖 43 项，三等奖 133 项。

4 月 22 日

△ 河北钢铁集团董事长于勇、总经理彭兆丰来公司调研指导工作。于勇希望公司紧紧抓住改革和创新，进一步提升理念，打开视野，不断增强企业发展动力；进一步摆正位置，明确责任，在管理、技术进步、能源环保、国际化合作、非钢发展、产线对标等诸多方面继续当好集团排头兵，充分发挥引领作用，向集团及广大职工交上一份满意的答卷。

4 月 24 日

△ 柳州钢铁集团董事长、党委书记潘世庆一行来公司访问。公司董事长王兰玉等与客人座谈。

4 月 27 日

△ 印尼矿产和煤总局局长苏里亚一行来公司访问。公司副总经理李一栋与客人座谈交流。

4月28日

△　泰国富亚集团董事长瓦塔纳察一行10人来公司访问。公司副总经理李茂广与客人座谈交流。

△　物流公司曹妃甸港口服务公司入驻曹妃甸码头，与河北钢铁集团国际物流公司实现业务对接。

4月29日

△　公司团委召开纪念五四运动95周年优秀青年座谈会。公司党委副书记、工会主席刘亦兵出席会议并讲话。

4月30日

△　公司举办“工人伟大 劳动光荣”职工歌咏大会。来自公司10个单位、600多名职工用嘹亮的歌声展现了公司改革创新、破冰前行的精神风貌。

△　开平区委书记和春军，区委副书记、区长杜庆勇一行来公司访问。公司董事长王兰玉，总经理田欣与客人座谈。

4月

△　公司耐候钢产品首次走出国门，应用于阿根廷高速动车组。

△　不锈钢公司镀锡板基料成功打入国内第二大镀锡板生产企业海南海宇镀锡工业公司。

△　公司酸洗汽车大梁钢产量达到4755吨，同比增幅超过50%，创该产品生产最好水平。

△　动力部完成中厚板区循环水系统节能改造。经过改造，该区域水泵节电率可达40%，年可节电545万千瓦时，节约用电及设备维护成本290万元。

△　热轧部平整车间生产厚度≤1.2毫米超薄规格带钢产量达到4683.93吨，创该规格产品月产最高纪录。

△　公司滦县美锦焦化生产所需物料由采购分公司统一采购。

△　公司医院骨外科和脑外科分科运行。

△　根据非钢单位对公司内部市场、资源占用情况的调查情况，公司统一编发《非钢单位主要产品目录》。

△　高强度汽车板改造项目一期工程连退机组动工建设。机组概算投资约6.5亿元，设计年产量75万吨，西门子、安德里兹承

担设计。主要建设退火炉、光整机、焊机、活套、清洗段等关键设备。

△ 不锈钢公司炼钢、轧钢整体设备升级改造工程开工。项目概算投资 3900 万元，由唐山钢铁国际工程技术有限公司设计，唐钢检修分公司承建，河北新烨工程技术有限公司等供应主要设备。

△ 哈斯科公司钢渣深度提铁示范工程一期项目竣工，二期项目开工建设。一期项目于 2013 年 2 月开工建设，由中国二十二冶集团负责土建和设备安装，江苏鹏飞集团股份有限公司负责生产线主体设备。

△ 中厚板公司炼钢、轧钢整体设备升级改造工程开工建设。项目概算投资 3950 万元，由中冶京诚工程技术有限公司负责设计、河北钢铁建设集团有限责任公司负责施工。

5 月

5 月 4 日

△ 公司团委开展“奋斗的青春最美丽”主题团日活动。

△ 冷轧部引入精益生产管理模式，着力建立设备故障管控模型。

△ 中国台湾旺旺中时媒体集团总监萧建华、中时媒体集团《工商时报》编辑部副主任李书良来公司参观访问。公司党委副书记、工会主席刘亦兵与客人座谈交流。

5 月 6 日

△ 唐钢美锦物流有限公司注册成立。该公司定位于配套服务唐钢美锦（唐山）煤化工有限公司生产、拓展区域社会物流业务，注册资本 1.2 亿元，由唐钢公司、唐钢美锦（唐山）煤化工有限公司和唐山冀东乐业铁路货物储运有限公司三方合资，出资额分别为 4800 万元、4931.35 万元和 2268.25 万元，股份分别占 40%、41.09% 和 18.91%。

△ 唐山贝氏体钢铁集团有限公司总经理刘万里一行来公司参观。公司副总经理李茂广陪同参观。

△ 瑞银证券公司澳大利亚执行董事格力恩一行来公司访问。公

司副总经理李一栋与客人座谈交流。

△ 气体公司东新村天然气加气站具备对外营业条件。天然气加气站作为“气化唐山”工程的项目之一，于2013年10月30日开工建设，设计加气能力为每日3万立方米，可同时加注LNG和CNG，是气体公司首个服务于社会公共领域的新项目。

△ 公司北山钢渣线铁路开通使用，标志着公司钢渣处理结束了自建厂以来一直沿袭的露天热泼式翻卸的历史，实现炼钢尾渣环保无尘接卸，室内闷渣处理。

5月7日

△ 人民日报社河北分社社长王方杰一行来公司调研。公司董事长王兰玉与客人座谈。

△ 中国建设银行董事齐守印一行来公司调研。公司董事长王兰玉会见客人。

△ 中华全国总工会研究室副主任王利中一行来公司调研。公司党委副书记、工会主席刘亦兵介绍了公司整体发展及工会职能作用发挥等方面情况。

△ 公司职工自主研发的“一种整体浸入式水口安装对中检测装置”（专利号201320648429.2）获国家实用新型专利。

△ 公司职工自主研发的“一种炉辊干燥炉”（专利号201320586848.8）获国家实用新型专利。

5月8日

△ 唐山市钢铁企业烧结除尘改造调度暨转炉干法除尘技术介绍会在公司召开。环保领域专家和唐山市各钢铁企业代表参加会议。

△ 河北钢铁集团对公司领导班子和领导班子成员进行考核。

△ 河北钢铁集团副总经理王新东就产线对标工作开展情况来公司调研。公司副总经理李一栋及相关单位部室负责人参加汇报会。

5月9日

△ 公司召开2014年度信息化暨高强度汽车板信息化项目启动大会。公司董事长王兰玉出席大会并讲话，公司总经理田欣主持会议。该项目包括公司级高级排程APS和全工序质量管理QMS系统两项内容。其中公司2014年度信息化项目概算投资7337万元，由中国

惠普有限公司、上海坤帝科软件科技有限公司、伊斯拉视像设备制造（上海）有限公司、百睿信息技术（上海）有限公司、太极计算机股份有限公司、唐钢微尔自动化公司等单位设计实施。高强度汽车板信息化项目概算投资1500万元，由中国惠普有限公司、百睿信息技术（上海）有限公司和唐钢微尔自动化公司以及信息自动化部联合设计实施。

△ 华篷控股公司董事长黄晓东一行来公司访问。公司董事长王兰玉与客人座谈。

5月12日

△ 北京燃气集团有限责任公司党委书记、董事长周思一行来公司访问。公司董事长王兰玉与客人座谈。

5月13日

△ 上海梅山钢铁股份有限公司副总经理蒋一丰一行来公司访问。公司副总经理李一栋与客人座谈交流。

△ 德高公司财务总监托马斯来公司访问。河北钢铁集团总会计师刘贞锁，公司董事长王兰玉、副总经理李一栋等与客人座谈。

△ 石钢公司总经理、副董事长、党委副书记于根茂一行来公司对标交流。公司董事长王兰玉、总经理田欣与客人座谈。

5月16日

△ 西门子大型传动部工业应用总经理李开宇一行来公司访问。公司董事长王兰玉与客人座谈交流。

△ 公司首批一线生产骨干赴北戴河休养。

5月17日

△ 青海西宁特钢副总经理刘继跃一行来公司访问。公司副总经理李一栋在展示厅与客人座谈交流。

5月19日

△ 公司党委中心组进行党的群众路线教育实践活动第十次集中学习。

5月20日

△ 考伯斯公司总裁兼首席执行官瓦特·特纳一行来公司访问。公司董事长王兰玉，总经理田欣与客人座谈交流。

△　POSCO CHEMTECH公司社长赵奉来一行来公司访问。公司董事长王兰玉与客人座谈交流。

5月21日

△　公司召开“走进市场、服务用户”暨学习石钢营销模式推进大会，旨在进一步提高公司各级干部和专业技术管理人员的市场意识、营销素质和工作能力，促进公司销售工作再上新水平。公司董事长王兰玉就“走进市场、服务用户”扎实做好营销工作提出要求。一是深入学习石钢营销经验，加速解放思想、转变观念，自觉践行“市场为王，用户至上”的营销理念。二是进一步坚定信心，全面加快“走进市场、服务用户”工作步伐。三是加强“产销研”衔接，真正让产品和服务走进用户的心里。公司总经理田欣，公司领导刘亦兵、王春东出席会议。公司副总经理李茂广主持会议。

5月22日

△　公司召开干部大会，河北钢铁集团党委副书记、纪委书记邢强宣布集团对公司领导班子进行充实调整的决定。经集团公司、集团公司党委研究决定，王兰玉增任唐钢公司党委书记，李一栋增任唐钢公司党委常委，李茂广增任唐钢公司董事会董事，张洪波、姚力任唐钢公司副总经理、党委常委，赵丽树任唐钢公司总会计师、董事会董事，武士勇、张弛任唐钢公司副总经理。

△　达涅利公司亚洲区总裁白明磊一行4人来公司访问。公司副总经理武士勇、张弛在会议中心与客人座谈。

5月23日

△　动力部利用调度自动化控制系统，实现四个变电站集中管控，不仅提高了电网监控自动化水平，而且年可节约人工成本100万元。

△　中纪委驻工业和信息化部纪检组组长、工信部党组成员金书波一行4人，在市委书记姜德果陪同下来公司调研。公司董事长、党委书记王兰玉，副总经理武士勇参加调研。

△　德高公司总裁摩根一行来公司访问。公司董事长、党委书记王兰玉，总经理田欣与客人座谈交流。

5 月 24 日

△　不锈钢公司首次出口德国的 500 吨 2.6 毫米厚度规格 S500MC 汽车钢在 1580 毫米生产线成功下线。

5 月 25 日

△　公司校准实验室通过由中国合格评定国家认可委员会（简称 CNAS）组织的年度监督审核。这是公司于 2013 年 6 月获得校准实验室认可资质后首次接受监督审核。

5 月 26 日

△　公司风机、水泵节电改造工程通过天津市节能中心清算审核，获得国家财政奖励资金 934 万元。

△　炼铁部焦化一区 4 号焦炉停产。

5 月 27 日

△　公司团委在唐钢文化广场举行第八届“钢城之恋”唐钢青年集体婚礼。公司董事长、党委书记王兰玉，总经理田欣，党委副书记、工会主席刘亦兵，党委副书记、纪委书记王春东出席活动。

5 月 28 日

△　瑞士希尔特拉公司总裁彼得·詹尼、副总裁艾琳·姆斯一行来公司访问。公司董事长、党委书记王兰玉会见客人。公司副总经理姚力参加会见。

△　安阳市政府副秘书长、工信局局长侯合柱带领由安阳市各大冶金企业负责人组成的考察团来公司考察。公司副总经理张弛陪同客人。

△　公司职工自主研发的“利用反馈数据提高轧机板形设定及动态控制精度的方法”（专利号 201210110506.9）获国家发明专利。

△　公司职工自主研发的“一种浸入式水口离线对中检测装置”（专利号 201320720449.6）获国家实用新型专利。

△　公司职工自主研发的“一种结晶器与零段对中装置”（专利号 201320720371.8）获国家实用新型专利。

△　公司职工自主研发的“镀锌锌锅的节能装置”（专利号 201320610153.9）获国家实用新型专利。

△ 公司职工自主研发的“一种天车卷筒限位轴过渡连接装置”（专利号 201320720272. X）获国家实用新型专利。

5 月 30 日

△ 全国第十三个“安全生产月”到来之际，公司董事长王兰玉发表致公司职工及家属的公开信。

△ 河北省冶金政研会第九届五次理事会暨 2014 年“走进名企·标杆学习”活动在公司举行。公司作为此次活动的标杆企业，在会上作企业文化建设经验介绍。公司党委副书记、工会主席刘亦兵参加会议。

△ 公司编制完成《唐钢主业 2014~2016 年人力资源规划》。

5 月 31 日

△ 唐钢美锦（唐山）煤化工有限公司环保搬迁工程建成投产。该项目概算投资 22. 23 亿元，于 2011 年 4 月 15 日举行开工典礼，由中冶京诚工程技术有限公司、中冶焦耐（大连）工程技术有限公司、唐山钢铁国际工程技术有限公司、济钢集团国际工程设计有限公司和威立雅联合设计，中国二十二冶集团有限公司、河北钢铁建设集团有限公司、河北省安装工程公司等单位承建。工程主要建设内容包括：整体建设 2 座 65 孔 7 米型焦炉，年产焦炭 150 万吨；熄焦工段设计配套 190 吨/小时干熄焦工程；湿法熄焦作为备用及相关配套设施。项目建成后年产焦炭 150 万吨、焦油 7. 28 万吨、轻苯 1. 91 万吨、硫铵 1. 97 万吨、外送煤气 3. 18 亿立方米。该项目按照公司打造行业清洁生产和能源利用企业典范的要求建设，配套有发电、污水处理、同时采用全封闭料仓和完备的除尘设施，达到了电力自给并实现了废水零排放，环保功效达到同行业一流、国际领先水平。

△ 公司刚食鲜餐饮服务龙华店、税钢店开业。

△ 公司下发《关于部分单位合并、更名、成建制划拨的通知》，将机械装备公司与重机装备公司合并，更名为机械（重机）装备公司；将炼铁部动力系统成建制划入动力部。

5 月

△ 公司合并本部、不锈钢公司及中厚板公司动力区，成立新的

动力部，下设21个车间、6个科室，职工总数为2576人，其中专业技术人员99人，发电机组总装机容量达39.8万千瓦时。

△　公司组织36379名职工参加了唐山市第五期重大疾病医疗互助活动。323名患病职工得到救助金87.2万元。

△　河北钢铁集团将公司列为查办腐败案件体制机制改革试点单位。公司制定下发《查办腐败案件体制机制改革试点工作试行方案》《纪律检查部门线索处置和案件查办“两报告”工作程序试行规定》，确立了15个试点单位。

△　公司正式发布《2014年唐钢科研课题计划》，围绕年度生产经营重点确定了52项科研课题。

△　中厚板公司首次出口巴基斯坦的660吨SS400-B加硼板材成功下线。

△　动力部完成不锈钢区锅炉稳燃技术改造，实现了由转炉煤气替代焦炉煤气作为锅炉稳燃气源，年可节约焦炉煤气1044万立方米，节约费用380万元。

△　唐钢与浦项合作LED照明灯具项目正式投产，概算投资6126万元，产品定位为节能、长寿、高效的高端LED照明产品，设计年产规模为37.9万套，年产值为2.07亿元。

△　中厚板公司转换质量管理体系认证机构，通过英标认证（北京）有限公司（简称BSI）的认证。

6月

6月2日

△　公司团委开展“三查三保”活动，旨在进一步强化青工安全红线意识。

6月3日

△　公司炼铁、烧结、炼钢、轧钢、煤气等单元经国家安全生产监督管理总局核准，达到国家冶金行业安全标准化一级企业。至此，公司在全省率先实现冶金安全标准化一级企业创建。

△　德高公司拉丁美洲、加勒比地区营销总监、总经理克里斯蒂安·盖伊·德摩根及南美各分销总经理一行7人来公司访问。公司副

总经理李一栋、张洪波在展示厅与客人座谈。

△　澳大利亚西太平洋银行机构与企业银行部中国区总经理徐峰一行来公司参观访问。公司副总经理李一栋、总会计师赵丽树在展示厅会见客人。

6 月 4 日

△　公司职工自主研发的"一种钢包透气砖氩气管道接头的连接保护装置"（专利号 201320831976.4）获国家实用新型专利。

6 月 6 日

△　全国人大常委会副委员长沈跃跃来公司检查指导工作。河北省人大常委会党组副书记、省总工会主席王增力，副省长、市委书记姜德果等陪同检查指导。公司董事长、党委书记王兰玉介绍了公司的基本情况，汇报了近年来公司在节能减排和环境保护方面所做的工作。公司总经理田欣参加汇报。

△　北京大学中国持续发展研究中心主任、教授叶文虎一行来公司调研。公司副总经理李一栋在展示厅与客人座谈交流。

6 月 9 日

△　河北省国资委纪委案件室主任卢国庆、综合室主任宋炳旺，就国有企业查办腐败案件体制机制创新路径探索课题来公司调研。公司党委副书记、纪委书记王春东介绍了公司纪委查办案件工作情况。

△　公司成立党外知识分子联谊会。

6 月 10 日

△　长材部中型车间加热炉改造工程开工建设。项目概算投资 1354 万元，由唐山钢铁国际工程技术有限公司设计，河北钢铁建设集团有限公司承建。主要建设内容：对中型车间加热炉进行加宽炉膛改造，使 6 号连铸机为中型车间供应 180 方坯，扩大中型车间坯料供应范围。

△　公司召开知识产权商业化专题会，非钢事业部与法律事务部确定首批进行商业化推广的 11 项知识产权。

△　由公司和河北联合大学共同申请建设的河北省高品质钢连铸工程技术研究中心，通过省科技厅、省财政厅、省发改委组织专家进

行的可行性论证，正式纳入河北省工程技术研究中心建设计划。

6 月 11 日

△ 公司与唐山鸿鹏集团合作开发的高钛 ER70S-G 气保焊丝用钢在长材部首次冶炼成功，成为焊接材料研究所首个新产品。

△ 开平区委书记和春军，区委副书记、区长杜庆勇一行来公司访问。公司董事长、党委书记王兰玉与客人座谈交流。

△ 中国兵器工业集团北方凌云工业集团有限公司副总经理朱京良一行来公司访问。公司董事长、党委书记王兰玉与客人座谈。

6 月 12 日

△ 公司党委召开党的群众路线教育实践活动推进会。公司党委书记、董事长王兰玉发表重要讲话，全面总结了公司教育实践活动第一环节工作，安排部署第二环节的各项工作任务。要求各级党组织和广大党员干部认真贯彻落实省委、省国资委和河北钢铁集团党委教育实践活动推进会议精神，准确把握教育实践活动与生产经营活动的结合点，为公司打赢全面盈利攻坚战提供可靠保障。公司总经理田欣主持会议，并就贯彻落实推进会精神提出要求。公司领导班子成员、厂部级副职以上领导干部、各单位党办主任及相关人员参加会议。

△ 公司党委召开查办腐败案件体制机制改革试点工作动员部署会议。公司董事长、党委书记王兰玉就落实好改革试点任务提出三点要求。一是要深刻认识查办腐败案件体制机制改革的重要意义，切实把思想和行动统一到上级部门的决策部署上来，结合本单位实际，认真抓好贯彻落实。二是准确把握“一为主两报告”的核心内容，积极推进改革试点工作。三是加强对查办案件体制机制改革试点工作的组织领导，确保改革试点工作取得预期效果。

△ 根据公司〔2013〕第 5 号董事会决议，公司与威立雅水务中国有限公司合资设立唐钢威立雅（唐山）水务有限责任公司。合资公司地址在唐山市滦县工业聚集区，注册资本为 5640 万元，其中公司出资 2256 万元，持股比例 40%；威立雅水务中国有限公司出资 3384 万元，持股比例 60%。

△ 中冶陕压重工设备有限公司副总经理贺战马一行来公司访

问。公司董事长、党委书记王兰玉等在会议中心与客人座谈。

6月13日

△ 德高公司财务总监托马斯及德意志银行大宗商品结构贸易融资部亚太区总监吴任超一行来公司访问。公司副总经理李一栋、总会计师赵丽树等在展示厅与客人座谈。

△ 天津辰太新材料集团有限公司总经理苗立元一行4人来公司访问。公司副总经理李茂广与客人座谈。

△ 公司团体无偿献血活动结束，共有810余名职工无偿献血24万余毫升。

6月16日

△ 天津钢铁集团总会计师薛文博一行来公司对标交流。公司总会计师赵丽树与客人座谈。

6月17日

△ 北京科技大学教授、博士生导师苍大强一行来公司调研。公司副总经理张洪波在会议中心与客人座谈。

△ 临汾市环保局局长武卫东一行来公司参观。公司副总经理武士勇在展示厅向客人介绍了公司厂区建设、产品创效、能源综合利用等方面工作情况。

6月18日

△ 中国银行总行监事会办公室副总级专员卢元明一行来公司调研。公司董事长、党委书记王兰玉与客人座谈交流。

6月19日

△ 路北区委书记孙贵石，区委副书记、区长安晓良一行来公司访问。公司董事长、党委书记王兰玉等会见客人。

△ 国家节能目标责任评价考核组来公司检查指导工作。公司副总经理武士勇介绍了公司节能减排工作基本情况。

△ 公司开展的“高效低成本洁净钢生产技术研究与应用”“65吨转炉干法除尘系统关键技术开发与示范”2项课题成功申报2014年度河北省钢铁产业技术升级专项资金项目，获得专项经费240万元。

△ 炼铁部北区3号高炉煤气除尘系统湿法改干法工程竣工开始

正式运行。工程于 2013 年 11 月 24 日开始施工，概算投资 9537 万元，由唐山钢铁国际工程技术有限公司设计，河北华奥节能科技有限公司筹资建设。

6 月 20 日

△ 公司在贾家山训练场举行军事化管理成果汇报演练。唐山军分区司令员李汝翔、参谋长汪勇，公司党委书记、董事长王兰玉共同观看了汇报演练。

△ 河北钢铁集团副总经理王新东就产线对标工作来公司调研。公司总经理田欣、副总经理张洪波陪同调研。

△ 北京大学教授罗玉中一行 5 人来公司调研。公司副总经理李一栋在展示厅与客人座谈。

6 月 21 日

△ 公司团委以“奋斗的青春最美丽”为主题，举办全国最美青工、河北青年五四奖章获得者唱春占个人事迹报告会。

6 月 23 日

△ 河北钢铁股份董事会审议通过了气体公司的上市方案，气体公司上市工作正式进入实施阶段。

△ 公司第七届董事会第四十二次会议审议通过了设立山东钢铁销售服务中心、广州分公司、杭州钢铁销售服务中心的事项。

6 月 24 日

△ 炼铁部焦化一区 1 号、3 号焦炉停产。

△ 检修工程公司成立不锈钢事业部。

△ 河北日报副总编王宁率队来公司调研。公司党委副书记、工会主席刘亦兵在展示厅与客人座谈。

△ 德高公司副总裁、板材总监米奇里尼来公司访问。公司副总经理李一栋与客人座谈。

6 月 25 日

△ 不锈钢公司 1580 毫米生产线年产 300 万吨技改工程 1 号连铸机热试成功。

6 月 27 日

△ 物流公司曹妃甸港口服务公司完成第一艘卷板装船业务。

6月30日

△ 公司召开下半年生产经营工作会议，总结上半年工作，部署下半年任务。公司董事长、党委书记王兰玉发表重要讲话。王兰玉强调，上半年公司生产经营取得了逆势提升的喜人成绩，全面完成了河北钢铁集团下达的生产经营目标。这些成绩背后，意味着公司生产经营模式正在发生变革、全员思想观念正在加速转型、现代企业运行机制正在不断完善。下半年公司生产经营将面临更大的压力和挑战，更是难得的成长机遇，是铸就百年企业的必经之路。要充分利用好这一阶段，进一步转变思维方式，增强市场经营意识，提升管理水平，坚定不移地做好工作，坚决确保全年生产经营任务的圆满完成，在集团各项工作中继续当好排头兵和引领者，为集团发展建设作出更大贡献。公司领导班子全体成员出席会议，厂部级副职以上领导干部、专家代表、经理联络员代表参加会议。

△ 公司党委召开纪念建党93周年暨总结表彰大会。公司党委书记、董事长王兰玉发表重要讲话，总经理田欣主持大会，党委副书记、工会主席刘亦兵宣读表彰决定。王兰玉就进一步深入开展党的群众路线教育实践活动，加强党群工作和党员干部队伍建设提出明确要求。一是深入开展党的群众路线教育实践活动，为公司打赢扭亏增盈攻坚战提供支持和保障。二是围绕企业生产经营中心，全面做好群众工作，凝聚起全员攻坚克难的强大合力。三是加强领导班子和干部队伍建设，为各项工作顺利开展提供组织保障。公司党委授予12个单位党委“先进基层党组织”称号、15个单位“党风廉政建设先进单位”称号、15个单位“宣传思想工作先进单位”称号、43个基层党支部“先进党支部”称号；授予100名同志“优秀共产党员”称号，授予其中10名同志“十佳优秀共产党员”称号；授予42名同志“优秀党务工作者”称号、30名同志“廉洁自律先进个人”称号、30名同志“宣传思想工作先进个人”称号。

6月

△ 公司开展“关爱职工子女”活动，累计为26名困难职工家庭子女发放帮扶款数万元。

△ 公司党委下发《2014年公司领导班子成员党风廉政建设职

责范围和重点分工》，督导检查公司各单位党风廉政三级责任体系建设情况。

△　公司为国家电网量身定制的300毫米级肢宽大规格等边角钢试轧成功，成为国内首家生产该规格产品的企业。公司通过此次与国家电网公司合作，研制开发新规格产品，满足了超高压电网对基座支撑力的高标准要求。

△　公司成功签订1万吨欧标结构钢出口订单，单品种订单出口量创新高。

△　冷轧部2号镀锌机组生产冷基产品2.1万吨，创月产最高纪录。

△　新事业公司成功研发铝铁脱氧剂。采用铝铁脱氧剂，可直接穿过钢渣层与钢水结合，不会引起钢液降温，脱氧效果佳。

△　公司团委在青工中开展查岗位操作中麻痹大意思想、查习惯性违章行为、查设备事故隐患，保青年职工人身安全、保设备运转安全、保生产稳定顺行的“三查三保”活动，保证暑期安全生产。

△　长材部大型型钢生产线月产首次突破4万吨，达到40178吨，创历史最好水平。

7月

7月1日

△　中厚板公司设立爱岗敬业奖、优秀改善奖、焦点课题奖及卓越贡献奖，旨在激励职工加强自主管理，持续改善提升。

△　由昆山华辰机械制造有限公司改造的意大利磨床在不锈钢公司成功投入使用，彻底解决了不锈钢公司提产后轧辊备件紧缺的问题。

7月2日

△　西宁特钢集团有限责任公司董事长陈显刚、党委书记张永利一行来公司访问。公司董事长、党委书记王兰玉等会见客人。

△　中国农业银行总行公司部副总经理胡涌一行7人来公司访问。公司总会计师赵丽树在展示厅与客人座谈交流。

△　检修工程公司进行机构调整，成立机械分公司、项目管理

部、中厚板事业部及液压事业部。

△ 公司职工自主研发的“控制退火温度生产390~500兆帕结构级镀锌产品方法”（专利号201210173124.0）获国家发明专利。

△ 公司职工自主研发的“一种降低铝镇静钢脱氧剂消耗的脱氧工艺”（专利号201310004656.6）获国家发明专利。

△ 公司职工自主研发的“一种采用混合煤气双蓄热的热轧带钢加热炉”（专利号201320836373.3）获国家实用新型专利。

△ 公司职工自主研发的“一种双镗蓄热式石灰竖窑烟气热交换管道”（专利号201420035267.X）获国家实用新型专利。

△ 公司职工自主研发的“一种冷却效果好、使用时间长的转炉水冷下料口”（专利号201420036202.7）获国家实用新型专利。

△ 公司职工自主研发的“一种炼钢过程中使用的废钢斗专用防脱钩吊具”（专利号201420035197.8）获国家实用新型专利。

△ 公司职工自主研发的“一种防止烧结机箅条糊堵的装置”（专利号201420035217.1）获国家实用新型专利。

7月3日

△ 昆明钢铁控股有限公司副总经理、昆明钢铁股份有限公司总经理严锡九一行来公司参观交流。公司总经理田欣等与客人座谈交流。

7月4日

△ 京津冀及周边地区大气污染防治协作小组办公室副主任、北京市环境保护局副局长庄志东带领调研组来公司调研。公司副总经理武士勇陪同调研。

7月6日

△ 公司刚食鲜餐饮服务张西店开业。

7月7日

△ 邮储银行河北省分行党委书记、行长董志宏一行来公司访问。公司董事长、党委书记王兰玉与客人座谈交流。

△ 雅致集成房屋股份有限公司常务副总经理郭庆一行4人来公司访问。公司副总经理李茂广与客人座谈。

7 月 8 日

△　由中国钢铁工业协会举办的部分大型钢铁企业调研处长工作座谈会在公司召开。公司总会计师赵丽树致辞并介绍了公司整体生产经营情况。

△　炼铁部北区 1 号高炉煤气除尘系统湿法改干法工程决定整体搬迁至中厚板公司，与搬迁高炉同步实施。此工程于 2013 年 11 月 18 日获批立项。工程概算投资 7157 万元。

7 月 9 日

△　环保部环境评估中心调研组冶金评估部主任苏艺一行 11 人来公司调研。公司副总经理武士勇与客人座谈。

7 月 9~11 日

△　由中国金属学会主办的 2014 年全国炼钢—连铸生产技术会在公司召开。会议的主题是：优化工艺技术、促进炼钢—连铸生产工艺的精细化、高效化。中国金属学会名誉理事长、炼钢分会主任委员、中国工程院院士殷瑞钰出席会议并作主题报告。中国金属学会常务副理事长王天义主持会议。集团副总经理王新东，公司董事长、党委书记王兰玉，公司副总经理张洪波出席会议。来自全国各大钢铁企业、冶金研究所、高校的专家学者和技术人员 200 余人参加会议。

7 月 10 日

△　全国人大常委会副秘书长何晔晖带领全国人大代表生态文明建设专题学习班成员就环境治理工作来公司考察。河北省人大常委会副主任王刚等陪同考察。公司董事长、党委书记王兰玉专题汇报了公司生态文明建设工作。

△　河北钢铁集团党委副书记、副总经理孔平就公司有关项目建设情况来公司调研。公司副总经理张弛陪同调研。

7 月 12 日

△　财政部企业司司长刘玉廷一行来公司就国企改革问题进行调研。公司董事长、党委书记王兰玉等与客人座谈。

7 月 16 日

△　由唐山钢铁工业协会主办、公司协办的钢铁企业备品备件专业化管控平台“物联宝”上线暨推介仪式在公司举行。唐山钢铁工

业协会会长、公司董事长、党委书记王兰玉出席仪式并致辞。公司副总经理武士勇出席仪式，来自全国各地的100多家钢铁企业和设备供应商代表参加仪式。“物联宝”的推出是钢铁企业进入电商时代提高运行效率的重要方式，为企业降低库存创造了有利条件，也为设备供应商降低人力及资金投入、服务钢铁企业提供了高效快捷的手段。

△ 中国银行河北分行副行长常冰雁一行来公司访问。公司董事长、党委书记王兰玉在会议中心与客人座谈交流。

△ 陕西榆林煤炭出口（集团）有限责任公司董事长、党委书记郝君一行4人来公司访问。公司副总经理李茂广与客人座谈交流。

△ 日本钢铁联盟首席代表草地资文一行来公司访问。公司副总经理张洪波在展示厅与客人座谈。

△ 公司团委组织45名一线青年技术骨干、优秀见习副作业长，赴首钢京唐公司开展产线对标专项技术交流活动。

7月17日

△ 哈斯科集团副总裁、哈斯科金属总裁瑞克·伦德格伦一行来公司访问。公司副总经理姚力与客人座谈交流。

7月20日

△ 不锈钢公司3号连铸机改造工程开工建设。

△ 长材部中型车间加热炉改造工程建成投入使用。

7月22日

△ 公司自主研发的冷轧高强低合金钢HC260LA首批产品在冷轧部重卷线成功下线，其性能指标符合国家标准和用户需求，标志着汽车用冷轧260兆帕级别高强低合金钢开发成功，公司形成了高强低合金钢（HSLA）产品系列化，具备了批量供货能力。

△ 为满足公司检修业务需要，公司营业范围增加了“液压设备、液压管件生产、维修”项目。

△ 伊斯拉百视科技集团总裁克里斯汀一行来公司访问。公司副总经理张洪波与客人座谈。

7月23日

△ 河北省副省长、唐山市委书记姜德果等带领参加全市重点项目观摩活动的与会人员，来公司观摩重点项目建设情况。公司董事

长、党委书记王兰玉介绍了项目的主要情况。

7月24日

△ 公司党委举办保密专题党课暨保密工作座谈会。公司党委副书记、纪委书记、保密委主任王春东授课并讲话，要求各单位清醒认识保密工作的严峻形势，进一步增强保密意识，突出重点，强化措施，提升公司保密工作水平，切实维护国家利益和公司商业利益。

△ 德高集团耗材和铁合金总经理安德里亚·佩尔费蒂一行3人来公司访问。公司副总经理姚力与客人座谈交流。

△ 公司团委组织青年文艺骨干赴滦县榛子镇于家营村慰问演出。

7月25日

△ 公司召开高强度汽车板开产准备会。公司董事长、党委书记王兰玉参加会议并强调，高强度汽车板项目是公司提升产品档次、提升企业竞争力的必经之路，要举全公司之力建设好世界一流的、推行现代化管理模式的高强度汽车板项目。

△ 公司制定下发《合同预评审管理办法》，进一步加强公司合同管理，保障合同依法订立和全面履行，防范化解合同风险，维护公司合法权益。

△ 工信部节能司司长高云虎一行来公司调研。公司副总经理武士勇在展示厅介绍了公司生产经营、节能减排等工作情况。

△ 检修分公司注册成立，负责全公司各种检修、日常维保工作，同时承揽对外检修业务工作。

7月27日

△ 中厚板公司开始推行作业长制，成为公司首家试点单位。

7月28日

△ 沙钢集团董事局常务执行董事、第一副总裁刘俭一行12人来公司访问。公司副总经理李一栋与客人座谈交流。

△ 河北钢铁集团公司下发《关于将唐钢持有宣钢和承钢股权划转至集团公司直接持有的通知》（集团字〔2014〕39号），决定将唐钢持有宣钢、承钢100%国有产权划转至集团公司直接持有。股权划转后，宣钢、承钢在产权关系上成为集团公司直接出资的一级子

公司。

△　公司山东钢铁销售服务中心完成工商登记手续并取得营业执照。

7 月 30 日

△　炼铁部北区 2 号、3 号高炉矿焦槽除尘系统改造工程竣工并投入运行。该工程于 2013 年 11 月底开工建设，概算投资 6768. 24 万元，由唐山钢铁国际工程技术有限公司、无锡市东方环境工程公司、泊头环保机械公司联合设计，唐山瑞丰建业集团有限公司、无锡市东方环境工程公司、泊头环保机械公司承揽施工。此次改造后，系统达到了国家排放标准，具有显著的环境效益及社会效益。

△　公司高强度汽车板技术改造项目库区天车定位及智能操控系统工程获批立项，项目概算投资 6633. 71 万元，由唐山钢铁国际工程技术有限公司、唐山微尔机电安装有限责任公司设计施工总承包。主要建设内容包括原料库、成品库、轧后库 16 部天车的软件系统编制、硬件设施安装调试、主控室及安全设施等配套基础设施改造。项目投入使用后，将全面提高库区自动化操作水平和工作效率。

△　公司职工自主研发的“一种蓄热式热轧带钢加热炉”（专利号 201320836763. 0）获国家实用新型专利。

△　公司职工自主研发的“一种钢包盖的内衬结构”（专利号 201420055108. 6）获国家实用新型专利。

△　公司职工自主研发的“一种有利于改善铸坯边角部缺陷的粗轧立辊孔型”（专利号 201420051729. 7）获国家实用新型专利。

△　公司职工自主研发的“一种钢包自动加盖保温装置”（专利号 201420051727. 8）获国家实用新型专利。

△　公司职工自主研发的“一种热轧立辊辊面刮水板”（专利号 201420055180. 9）获国家实用新型专利。

△　公司职工自主研发的“一种可夹持带有板凳及垫片的支撑辊的磨削夹具”（专利号 201420058278. X）获国家实用新型专利。

△　公司职工自主研发的“一种圆形料仓防止物料下落时破碎的装置”（专利号 201420086000. 3）获国家实用新型专利。

△　公司职工自主研发的“一种矩形料仓防止物料下落时破碎

的装置”（专利号 201420083408.5）获国家实用新型专利。

△ 公司职工自主研发的“一种防止物料仓堆放的物料卸料时破碎的溜槽”（专利号 201420083429.7）获国家实用新型专利。

△ 公司职工自主研发的“一种节能效果良好的炉壁结构”（专利号 201420083383.9）获国家实用新型专利。

△ 公司职工自主研发的“一种钢渣气淬及余热回收利用的设备和方法”（专利号 201210387654.5）获国家发明专利。

7 月 31 日

△ 公司与首钢总公司签署《股权转让合同》，将公司所持首钢京唐钢铁联合有限责任公司 30%股权转让给首钢总公司。股权转让价格为 1 元/股，对应转让价款为 809808 万元。股权转让完成后，公司不再持有首钢京唐公司股权。

△ 原河北钢铁集团直属法律事务处划归公司管理。公司成立法律事务部，全面负责公司法律事务管理工作。

△ 省级文明单位创建检查组组长、省国资委宣传部副部长张晋颖一行来公司检查工作。公司党委副书记、工会主席刘亦兵陪同检查。

7 月

△ 公司纪委撰写的《拓宽监察范围、创新监管手段，促进效能监察与企业生产经营的有效融入》论文获全国钢铁企业纪检监察工作研究会第十次年会论文三等奖。

△ 公司首批超薄规格热轧高强汽车用钢成功下线，并实现“以热代冷”的新突破。此次开发的 1.2 毫米超薄规格热轧高强汽车用钢，成为省内此规格首例产品。

△ 公司首批 1.6 毫米规格美标冷轧低碳钢带产品 DSA 成功下线，填补了省内空白。冷轧低碳钢带 DSA 属美标牌号，主要应用于冲压用汽车零部件，市场前景广阔。

△ 公司成功开发结构级镀锌板 SGH340 产品，规格为（2.0、2.5）毫米×1250 毫米两个批次。这是公司继高强度结构级镀锌钢带 C450 下线之后，在超厚锌层结构级镀锌板领域获得的又一新突破。

△　公司“爱在钢城·筑梦起航”金秋助学活动全面启动。

△　公司“送清凉”活动火热开展。公司董事长、党委书记王兰玉，总经理田欣，以及公司领导刘亦兵、王春东、李一栋、李茂广、张洪波、姚力、赵丽树、武士勇、张弛，分别深入基层，看望慰问一线职工。

△　冷轧部1号酸轧机组产品产量达到17.66万吨，创该产线月产最高纪录。

△　冷轧部镀锌产品产量达到11.2万吨，实现盈利2200万元，产量、效益实现双突破。

△　冷轧部生产冷轧热基镀锌产品9995吨，环比增幅达45.5%，再次刷新该品种月产纪录。

△　中厚板公司与华电曹妃甸重工装备有限公司续签年度合作协议。协议期间，中厚板公司向华电曹妃甸重工装备有限公司供应不少于2万吨中厚板产品，用于华电重工海上风电项目建设，双方战略合作进一步深化。

△　不锈钢公司累计生产高端马口铁基板10230吨，月产首次突破万吨大关，创历史最好水平。

△　华东地区第二大镀锡板生产企业首次以协议户形式与不锈钢公司签订了6500吨镀锡板供货合同，标志着不锈钢公司镀锡板正式进军华东市场。

△　公司医院在河北省内率先开展了“甲状腺结节微波消融”治疗技术，累计开展超声介入诊疗100余人次，治疗技术达到市内领先水平。

△　长材部棒材轧后穿水冷却工程竣工并投入运行。该工程于2014年4月开工建设，概算投资2195.42万元，由唐山钢铁国际工程技术有限公司设计，江苏东方有限公司提供设备，唐山市天鸿建筑安装工程有限公司施工。

8月

8月1日

△　集团第五届“河北钢铁杯”职业技能大赛启动仪式在公司

举行。公司职工夺得高炉炼铁工、高线轧钢工、冷轧工、宽厚板轧钢工、连铸工五个工种第一名，总成绩在集团位居领先地位。

△ 不锈钢公司成功开发厚度 2.0~3.0 毫米、宽度 1250 毫米汽车结构用钢 SAPH400。

8 月 4 日

△ 公司团委开展“解放思想，技能提升”活动。

8 月 5 日

△ 全国检察机关第 17 期先进工作者休假团来公司参观。公司党委副书记、纪委书记王春东在展示厅与客人座谈。

△ 山东日照钢铁集团高级副总裁袁新海一行来公司访问。公司副总经理武士勇与客人座谈交流。

△ 蒂森克虏伯集团 SDF 轧辊公司总裁卡德里尼来公司访问。公司副总经理武士勇与客人座谈交流。

8 月 6 日

△ 考伯斯澳大利亚运营区副总裁马克·马克麦克一行来公司访问。公司总经理田欣与客人座谈交流。

△ 浦项 ICT 中国区总经理徐万教来公司访问。公司副总经理武士勇与客人座谈。

△ 公司团委开展“打赢全面盈利攻坚战，青年当好排头兵”主题团日活动，旨在进一步提升一线青工的创效能力和责任意识。

8 月 7 日

△ 公司党委召开党的群众路线教育实践活动领导班子专题民主生活会，对公司领导班子及班子成员“四风”中存在的突出问题进行认真查摆。河北钢铁集团总经理彭兆丰出席会议并作重要讲话，对公司领导班子专题民主生活会给予充分肯定，对公司教育实践活动取得的阶段性成果给予高度评价，对公司教育实践活动下步开展和做好下半年工作提出明确要求。

8 月 7~8 日

△ 河北钢铁集团总经理彭兆丰到公司调研指导工作。他先后到中厚板公司、美锦煤化工有限公司、高强度汽车板项目部及创元方大

公司等单位生产现场，就各单位生产经营及在建项目进度等情况进行调研，并提出具体指导意见。公司董事长、党委书记王兰玉，副总经理张弛陪同调研。

8月11日

△ 酒钢集团榆钢公司党委书记苏有平一行来公司访问。公司党委副书记、工会主席刘亦兵与客人座谈交流。

8月13日

△ 安钢集团公司董事长、党委书记李涛一行来公司考察。公司董事长、党委书记王兰玉与客人座谈交流。

△ 公司大型型钢生产线产量完成2200吨，创日产最高纪录。

8月14日

△ 新事业公司10万吨转炉除尘灰冷固球团工程投产，向公司长材部供灰。

8月16日

△ 公司炼铁绿色照明改造工程通过河北省节能监察中心监察验收，获得财政奖励资金200万元。

8月18日

△ 公司37项成果获河北省企业管理现代化创新成果奖，其中一等奖13项、二等奖18项、三等奖6项。

△ 气体公司滦县焦炉煤气制液化天然气项目竣工投产，产品各项指标均优于国家标准。该项目概算投资3.94亿元，以唐钢美锦年产150万吨焦化项目产生的焦炉煤气为原料，采用补碳甲烷化技术生产液化天然气，设计规模为年产液化天然气1.7亿立方米，氢气800万立方米。天然气项目的投运，标志着公司非钢产业成功进军新能源领域，是钢铁企业能源利用转换的全新实践。

△ 公司党委召开党的群众路线教育实践活动领导班子专题民主生活会情况通报会。

8月19日

△ 公司团委开展“青工创新创效优秀成果PPT评选”活动。活动评选出21个优秀项目，并将其中8个创意新颖、创效显著的优秀成果进行经验推广。

8 月 20 日

△　三友集团党委副书记毕经喜一行来公司考察。公司党委副书记、纪委书记王春东在展示厅与客人座谈。

△　华菱集团副总经理汤志宏一行 4 人来公司访问。公司副总经理李茂广与客人座谈。

△　公司团委代表唐山市参加河北省重点企业共青团工作交流活动，并以“提升团组织服务驱动力，打造靓丽新名片”为题作典型发言，介绍唐钢青年集体婚礼活动开展情况，展示唐钢青年风采。

△　不锈钢公司 3 号连铸机改造工程竣工投产。

△　不锈钢公司 1580 毫米生产线机器人热喷标机正式投入使用，实现了钢卷自动喷号。

△　唐钢华冶公司波浪腹板 H 型钢一拖二生产线热试成功。此项目于 2014 年 4 月开始筹建，主要内容是新建 2 条波浪腹板 H 型钢生产线，采用一拖二形式，即 1 台开卷及分条设备带 2 条波浪腹板 H 型钢生产线，年产量 4 万吨。

△　公司职工自主研发的“一种检测准确的飞剪零位检测装置”（专利号 201420083385.8）获国家实用新型专利。

△　公司职工自主研发的“一种防止氧枪坠落的防坠安全器”（专利号 201420127457.4）获国家实用新型专利。

△　公司职工自主研发的“一种炼钢合金炉料烘烤仓”（专利号 201420127469.7）获国家实用新型专利。

△　公司职工自主研发的“一种冷轧厂平整机组脱盐水自动上液装置”（专利号 201420130304.5）获国家实用新型专利。

△　公司职工自主研发的“一种轧机坝辊的快速换辊装置”（专利号 201420146655.5）获国家实用新型专利。

△　公司职工自主研发的“一种用于调节阀的阀门定位器”（专利号 201420150680.0）获国家实用新型专利。

△　公司职工自主研发的“一种防止润滑油沿引出管泄漏的装置”（专利号 201420150765.9）获国家实用新型专利。

8 月 21 日

△　哈斯科集团中国区代表单德钧一行 3 人来公司访问。公司副

总经理姚力与客人座谈交流。

8月22日

△ 路北区委书记孙贵石，区委副书记、区长安晓良一行来公司进行项目对接。公司董事长、党委书记王兰玉等与客人座谈交流。

8月23日

△ 公司领导班子召开改革创新专题学习讨论会，进一步统一了思想，明确了方向，坚定了信心。

8月25日

△ 河北省委督查室副主任张征云一行就节能减排工作来公司调研。公司副总经理武士勇在展示厅介绍了公司生产经营和节能减排工作情况。

8月26日

△ 唐山市政协主席郭彦洪率领市政协部分委员一行27人就节能减排、绿色发展来公司视察。公司董事长、党委书记王兰玉向视察团介绍了公司开展节能减排、实现绿色发展的工作情况。公司总经理田欣等参加座谈。

△ 渤海钢铁集团公司副总经理王会清一行15人来公司访问。公司副总经理姚力与客人座谈交流。

△ 西安陕鼓动力股份有限公司副总经理赵光一行5人来公司访问。公司副总经理武士勇与客人座谈交流。

8月27日

△ 韩国浦项IT事业本部部长权赫祷一行来公司访问。公司董事长、党委书记王兰玉在会议中心与客人座谈交流。

△ 河北钢铁集团矿业公司董事长、党委书记黄笃学一行来公司交流访问。公司董事长、党委书记王兰玉，总经理田欣等与客人座谈。

△ 公司召开第二批赴德高学习人员欢送会。公司董事长、党委书记王兰玉对参加学习人员寄予殷切期望，嘱托要放宽视野，深入了解德高的深层管理理念、发展思路及运作模式，学习先进的管理工具、创新方法，学成归来后为公司和河北钢铁集团作出更大贡献。公司总经理田欣、副总经理李一栋出席欢送会。

8 月 28 日

△　根据省国资委《关于划转唐山钢铁集团有限责任公司所持股权的批复》（冀国资发产权管理〔2014〕128 号）和河北钢铁集团安排，公司第七届董事会第四十七次会议审议通过了财达证券有限责任公司股权划转事项，同意将公司持有的财达证券 4.69%股权，即 10369.375 万股划转给河北省国有资产控股运营有限公司持有，股权划转金额依据财达证券 2013 年度财务审计报告确定。股权划转完成后，公司对财达证券的持股比例由 42.14%降为 37.45%。

△　中信银行批发业务总监胡罡一行来公司访问。公司董事长、党委书记王兰玉等与客人座谈交流。

△　商务部政策研究室副主任吴频一行就钢铁企业经营发展问题来公司调研。公司副总经理李一栋陪同调研。

△　气体公司首车液化天然气产品成功发运。

8 月 29 日

△　公司大型型钢生产线试制 ϕ80 毫米圆钢。

△　公司召开 2014 年焦点课题中期发布会。公司董事长、党委书记王兰玉，总经理田欣，副总经理姚力出席发布会。

8 月

△　公司首次成功开发生产美标 DDSC 深冲级镀锌产品。该产品的成功开发，使公司深冲级镀锌板产品品种进一步丰富，公司美标品种系列产品范围进一步扩大。

△　公司成立博士生管理科，专门负责公司各类高新人才的招聘、培养、开发等整体人力资源工作，全面加强高新人才管理。

△　公司正式成立建设现代化人力资源管理体系工作领导小组，全面统筹推进各项人力资源体制机制改革工作。

△　公司相继成立汽车板事业部、型线事业部、中板事业部，旨在尽快调整产品结构，实现产品竞争力和创效能力的双提升。

△　长材部在一棒生产线成功开发 ϕ10 螺四线切分轧制技术，使公司具备了直条螺纹钢筋 ϕ10~40 毫米的生产能力，同时成为河北钢铁集团首家掌握该项技术的单位。

△　长材部钢区安全改造项目新转炉相继投入使用。8 月 7 日 2

号 55 吨转炉投入使用，8 月 23 日 1 号 55 吨转炉投入使用，8 月 31 日 3 号 55 吨转炉投入使用。

△ 公司大型型钢生产线产量完成 45680 吨，创月产最高纪录。

△ 公司制定下发《监察工作办法（试行)》。

△ 青龙炉料公司氧化球团生产线增设烟气脱硫工程正式投入生产。该项目于 2013 年 9 月 25 日开工，概算投资 4960 万元，实际完成 4855 万元，由上海立谊环保工程技术有限公司设计，唐山市唐国环保科技发展有限公司承建。该生产线脱硫系统采用 SDA 旋转喷雾干燥半干法脱硫工艺，达到出口烟气二氧化硫含量低于 30 毫克/立方米、出口烟尘排放低于 20 毫克/立方米的国家现行污染物排放标准。

△ 长材部二次除尘系统改造工程竣工。该工程于 2014 年 3 月 7 日开工建设，概算投资 1455. 39 万元，由唐山市远大建筑安装工程有限公司总包设计、设备供货及建设。

△ 公司医院神经血管介入、周围血管介入、综合介入技术通过河北省卫生计生委专家组审核，并完成技术注册，为医院开展相关技术、持续提升医疗技术水平奠定了坚实基础。

△ 不锈钢公司炼钢、轧钢整体设备升级改造工程竣工。

△ 由机械（重机）装备公司研发的、为高强度汽车板项目提供的碳化钨涂层辊，通过西门子公司验收，产品完全达到使用标准。

9 月

9 月 1 日

△ 公司参与编写的国家标准《家电用冷轧钢板和钢带》（GB/T 30068—2013）正式实施。

△ 河北钢铁集团采购总公司总经理、党委书记谢海深一行来公司访问。公司董事长、党委书记王兰玉等与客人座谈。

△ 邮储银行省行风险管理部总经理王长征、邮储银行省行授信管理部总经理梁婕一行 10 人来公司访问。公司总会计师赵丽树与客人座谈交流。

9月2日

△　公司召开卷板事业部成立启动会。至此，卷板事业部与先期成立的汽车板事业部、型线事业部、中板事业部，将围绕“汽车板产量达到100万吨、型线优钢产量达到100万吨、卷板和中板品种钢比例达到60%”的目标积极开展工作。

△　热轧部轧钢车间被共青团中央、国家安全生产监督管理总局授予“2013年度全国青年安全生产示范岗”，公司举行揭牌仪式。共青团河北省委城市青年工作部部长董骥，共青团唐山市委书记石井满、副书记李虹，公司党委副书记、工会主席刘亦兵出席揭牌仪式。

△　中冶南方工程技术有限公司董事长、党委书记项明武一行来公司访问。公司董事长、党委书记王兰玉，总经理田欣等与客人座谈交流。

9月3日

△　不锈钢公司1580毫米生产线成功轧制1.5毫米厚度规格镀锡板。

△　新地能源工程技术有限公司总经理王贵岐一行来公司访问。公司副总经理姚力与客人座谈交流。

△　河北省国资委监事会07办事处主任、专职监事陈春雷率省国资委驻河北钢铁集团监事会调研组来公司调研。公司总会计师赵丽树对公司1~8月的生产经营情况以及后4个月生产经营计划安排作了汇报。

△　日本神户制钢所新铁源本部本部长石川裕士一行来公司访问。公司董事长、党委书记王兰玉与客人座谈交流。

9月4日

△　德高公司首席财务官托马斯·帕特里克和以德意志银行为牵头行的银团客人来公司访问。公司董事长、党委书记王兰玉，总经理田欣等与客人座谈交流。

9月5日

△　公司制定下发《法律事务管理办法》，修订《合同管理办法》《合同管理考核细则》及《案件管理办法》。

△　公司开展“后勤窗口开放日”活动，旨在进一步提升后勤工作水平。

9月6日

△　公司党委中心组举行高强汽车板技术专题学习。

9月7日

△　不锈钢公司能源计量系统改造工程开工建设。项目概算投资300万元，由唐山钢铁国际工程技术有限公司设计，唐山瑞丰建业集团有限公司承包建设。该项目旨在利用现有实时数据库服务器，实现现有关键能源介质网络化、可视化，实现在线集中监控管理，促进能源合理调配和高效利用，达到节能降耗的目标。

9月8日

△　公司团委开展“质量——发生在我身边的变化”主题团日活动。

9月10日

△　中国第二重型机械集团公司党委副书记、股份公司总经理胡洪来公司访问。公司副总经理武士勇与客人座谈交流。

9月11日

△　交通银行河北省分行党委书记郑家渡一行来公司访问。公司董事长、党委书记王兰玉与客人座谈交流。

△　中银国际直投部董事、总经理王立新一行来公司访问。公司副总经理姚力与客人座谈交流。

△　不锈钢公司1580毫米生产线成功轧制1.35毫米厚度规格超薄结构钢。

9月12日

△　公司试制SP-U400×170×15.5 U型钢板桩取得成功。这一新产品的开发，为公司大型产品系列再添新品种。

9月13日

△　公司举办作业长制专题讲座。

9月14日

△　经过10多个批次的生产，公司首次出口以色列的万吨钢筋订单圆满完成。该单产品是公司首次大批量生产外标钢筋，涉及ϕ12~32

毫米共9个规格。这一订单的签订生产，标志着公司钢筋产品在海外市场布局上迈出了有力一步。

9月15日

△　不锈钢公司1580毫米生产线300万吨技改工程竣工投产。项目改造完成后，提升了1580毫米生产线的产品质量及产能，保证汽车板原材料供应量。

9月16日

△　澳大利亚国立大学教授、原驻华大使郜若素一行3人来公司访问。公司总会计师赵丽树与客人座谈交流。

9月17日

△　公司党委召开党的群众路线教育实践活动第三环节推进会。公司董事长、党委书记王兰玉全面总结了公司教育实践活动第二环节工作，对第三环节“整改落实、建章立制”阶段的各项工作任务提出明确要求。公司总经理田欣主持会议，并就贯彻落实推进会精神提出要求。公司领导班子成员、厂部级副职以上领导干部、各单位党办主任及相关人员参加会议。

9月18日

△　唐山海关关长许凤仪一行来公司访问。公司总会计师赵丽树与客人座谈交流。

△　公司暑期北戴河休养工作结束。据统计，从5月16日起，公司共有3900多名职工赴北戴河休养。

9月19日

△　浙江协和集团董事长邵伯虎一行来公司访问。公司董事长、党委书记王兰玉与客人座谈交流。

△　民生银行冶金事业部副总监韩海申一行5人来公司访问。公司总会计师赵丽树与客人座谈交流。

9月20日

△　公司团委和唐山第二医院团委共同创建的“青年有约”微信交友平台正式上线。

△　公司北郊污水处理厂外中水管线改造工程开工建设。项目概算投资1700万元。该项目由唐山钢铁国际工程技术有限公司设计，

唐山市福通节能技术服务有限公司、唐山市住宅建设工程总公司承建。主要建设内容为代建河北桥至唐银公司厂界段中水管线，涉及管线全长 3088 米。

9 月 22 日

△ 澳大利亚西农集团商务总监伊恩·麦克劳德一行来公司访问。公司副总经理姚力与客人座谈。

△ 舞钢党委书记、副董事长李炳军一行来公司对标交流。公司党委副书记、工会主席刘亦兵与客人座谈。

9 月 24 日

△ 建设银行河北省分行行长程远国在唐山分行党委书记、行长吴俊岭的陪同下来公司访问。公司总经理田欣、总会计师赵丽树在展示厅会见客人。

9 月 25 日

△ 公司董事长、党委书记王兰玉在京会见中信集团董事长常振明，双方就循环利用持续可再生能源进行交流，并初步达成了合作开发意向。

△ 炼铁部北区 1 号高炉易地改造工程获批立项。为提高产业集中度，优化钢铁主业布局，降低生产成本，公司制定实施产能置换方案，将炼铁部北区 1 号高炉迁至中厚板公司。此项目即中厚板公司 400 万吨改造配套工程，项目概算投资 12.09 亿元，由唐山钢铁国际工程技术有限公司设计，河北钢铁建设集团有限公司、河北省安装工程有限公司承建。主要建设内容为新建 1 座 1580 立方米高炉及供料、喷煤系统、高炉循环系统等；新建 1 台 240 平方米烧结机及相关配套设施；新建 1 台铸铁机，10 平方米竖炉烟气脱硫设施；新建 35 千伏变电站及外网等。

△ 中厚板公司钢轧系统改造项目正式立项。项目概算投资 7.33 亿元。建设内容包括新增 1 台 225 吨天车等转炉系统改造，新建 1 座 120 吨 LF 精炼炉及除尘设施、2 号连铸机改造，新建 3 号连铸机，增加 1 号 3500 毫米轧机生产线粗轧机和加热炉、增加冷床改造及分析仪器，涉及相关拆除和恢复，全厂空压机站扩建、全厂水处理系统改造、全厂运输设施及综合管网改造等。项目建成后将具备年

产 400 万吨钢的生产能力。

9 月 27 日

△　公司第 28 届职工技术比赛全面展开。

9 月 30 日

△　公司制定下发《全员绩效管理指导意见（试行)》和《全员绩效管理实施细则（试行)》。

△　公司召开营销系统专业会议。会议通过了由市场部起草的《优化销售系统组织和流程，创建“以客户为中心”营销管控模式》方案。

9 月

△　公司自 7 月组织开展的暑期“双服务”活动结束。公司两级工会共投资 90 多万元，为一线高温岗位购置空调、冰柜、饮水机、电风扇等防暑降温设施，送西瓜、西红柿等果蔬近 30 万斤，各类冰块、饮料、矿泉水 1 万余箱，有效改善了职工的工作条件；为主体单位 380 名一线生产骨干发放慰问款 19 万元。

△　公司再次为国内某大型钢结构工程项目定制生产 1650 吨 SGH440 热基结构级镀锌产品。这是公司在首批产品获得用户认可后续订的第二批高附加值产品。

△　公司团委开展“青年产线对标，岗位技能提升”大练兵活动，指导一线青年技术骨干开展“岗位对接找差距”“创效指标竞赛”“上下游工序手牵手”等特色活动 32 次，着力打造专业技术型青年技术团队。

△　公司开展的“爱在钢城，筑梦起航”金秋助学活动，累计向 76 名困难职工子女发放助学金 16. 69 万元。

△　公司就业指导管理中心正式挂牌成立，旨在进一步规范职工管理，挖掘各类人力资源潜能，提高公司人力资源管理水平。

△　公司编制完成《贯彻落实中央〈建立健全惩治和预防腐败体系 2013~2017 年工作规划〉的实施方案》。

△　公司团委开展“我为质量提升献一策”合理化建议征集活动，累计收集合理化建议 1632 条。

△　热轧部完成氩气取代氮气喷吹镁粉颗粒设备改造，为下步超

低硫品种钢生产奠定了基础。

△ 公司大型型钢生产线成功开发 100 毫米×200 毫米、100 毫米×240 毫米扁钢。

△ 动力部完成公司北区高炉煤气放散塔节能改造，成功解决了长期以来由于放散塔工艺设计缺陷造成的焦炉煤气浪费问题，年可节约焦炉煤气 40 万立方米，节约费用近 20 万元。

△ 动力部完成空压机干燥器节能改造。压缩空气单耗降至 0.127 千瓦时/立方米，年可节约电费 800 万元。

△ 机械（重机）装备公司成功开发 ϕ1000 毫米×1450 毫米、ϕ1200 毫米×1580 毫米高铬钢轧辊，该技术在国内处于领先水平。

△ 商贸分公司唐山板材加工产线开始自主承接外部订单。

△ 热轧部 1700 毫米生产线和 1810 毫米生产线轧机牌坊改造工程投入使用。通过改造进一步提高了两条生产线的设备精度和轧制稳定性，同时拓宽了轧制品种。

△ 公司冷轧低碳钢带等 4 个产品获得省质量技术监督局颁发的采用国际先进标准认可证书。

△ 公司汽车大梁钢 TCX610L 通过了长城汽车股份有限公司的撞击实验，签订 TCX610L 超薄汽车用钢合同，标志着唐钢与长城汽车股份有限公司的产品合作开始向超薄高强系列深度发展。

10 月

10 月 8 日

△ 公司团委开展决战四季度“当先锋，比贡献，多创效，展风采”活动。

10 月 9 日

△ 公司首次通过知名汽车备件厂凌云集团的二方认证评审。

△ 国际银团和德高公司客人来公司访问。公司董事长、党委书记王兰玉等与客人座谈交流。

10 月 10 日

△ 公司召开职工岗位创新工作推进会。

△ 公司团委开展“对接市场，服务用户”创效攻关活动。

△　唐银公司成功冶炼出口钢20MnSiV，这是该公司自投产以来冶炼的成分控制难度最高的钢种。

△　市招商局领导来公司调研。公司副总经理姚力向客人介绍公司有关工作情况。

10月11日

△　河北省科技成果转化服务中心与唐山市科技局共同主持的河北省科技成果鉴定会在公司召开。公司6项科技成果全部通过了省级科技成果鉴定。

△　中国惠普有限公司企业服务集团全球销售支持、中国区总经理蔡震宇一行6人来公司访问。公司副总经理姚力与客人座谈。

10月12日

△　不锈钢公司3号连铸机成功浇铸505吨1015毫米×200毫米2420L汽车钢连铸坯，标志着该公司具备了高品质包晶合金钢的生产能力，为后续开发汽车钢提供了坚强保证。

10月13日

△　公司将高强汽车板生产所需物料及含铁废料回收工作划归采购分公司统一管理。

10月14日

△　河北钢铁集团热轧卷板产线对标现场交流会在不锈钢公司召开。公司副总经理张洪波致辞，钢研总院、唐钢、邯钢、承钢主管对标工作的副总经理、技术中心主任，集团6条热轧卷板产线厂长（部长）和技术科长、对标办公室负责人参加会议。

△　公司广州钢铁销售服务中心完成工商登记手续并取得营业执照。

△　河北省科技厅副厅长鲍继宏一行就公司薄板坯连铸连轧生产线超薄规格热轧板卷大批量生产技术应用来公司检查。公司董事长、党委书记王兰玉陪同检查。

10月15日

△　唐山市委书记焦彦龙到中厚板公司调研。公司董事长、党委书记王兰玉陪同调研。

△　浦项副社长、浦项制铁所所长李贞植一行来公司访问。公司

董事长、党委书记王兰玉，总经理田欣与客人座谈交流。

△　中国工程院院士、东北大学教授王国栋一行来公司访问。公司副总经理张洪波、张弛等与客人座谈交流。

△　公司举办全员绩效管理培训班。公司各单位主要领导、主管领导以及职工代表200余人参加培训。

△　公司职工自主研发的“一种棒材连轧ϕ12螺四切分中、精轧孔型结构”（专利号201210372924.5）获国家发明专利。

△　公司职工自主研发的“一种免退火型中高碳钢板制造工艺”（专利号201310076240.5）获国家发明专利。

△　公司职工自主研发的“一种防止撇渣皮带跑偏的撇渣带辊”（专利号201420246965.4）获国家实用新型专利。

△　公司职工自主研发的“一种钢包倾翻机构的安全锁紧装置”（专利号201420262405.8）获国家实用新型专利。

△　公司职工自主研发的“一种可升降的钢包座架”（专利号201420262407.7）获国家实用新型专利。

10月16日

△　上海建工机施集团董事长、党委书记卢定一行来公司访问。公司副总经理李茂广与客人座谈交流。

10月17日

△　公司团委开展“青年安全监督岗”隐患自查活动，组织公司31个单位、235名青安岗长对一线青工标准化操作、设备隐患问题进行排查。

△　开平区领导来公司访问。公司副总经理姚力与客人座谈。

△　常州宝菱重工机械有限公司总经理朱国敏一行4人来公司访问。公司副总经理武士勇与客人座谈。

10月20日

△　冷轧部酸再生车间及设备平台钢结构加固工程开工建设，项目概算投资310万元，由唐山市天鸿建筑安装工程有限公司承建。

10月20~23日

△　唐钢—西门子奥钢联高强度汽车板品种与技术开发项目开球

会在公司举行。公司通过与西门子奥钢联的全方位技术对接，使高强度汽车板项目在技术质量管理、成本管理、生产组织模式等方面与世界先进水平接轨。

10月21日

△　中信投资控股有限公司总经理、中信环保股份有限公司总经理郝维宝一行来公司访问。公司董事长、党委书记王兰玉等与客人座谈。

10月22日

△　公司党委召开党的群众路线教育实践活动总结大会。公司党委书记、董事长王兰玉强调，要继续巩固和扩大教育实践活动成果，凝心聚力、真抓实干，努力推进企业党的建设等各项工作再上新水平，为公司实现新的更大发展作出新的贡献。公司总经理田欣主持大会，公司领导班子成员、厂部级副职以上领导干部、公司级专家、各单位活动办成员、公司经理联络员代表参加会议。

△　公司召开贯彻河北钢铁集团改革创新工作会议精神动员大会。公司董事长、党委书记王兰玉强调，要进一步统一思想、提高认识，破除思想障碍，完善改革创新的思路和举措，全面推进改革创新工作，使公司不断焕发生机和活力，持续提升市场竞争力，当好集团改革发展的排头兵。公司总经理田欣主持会议，公司其他领导班子成员、厂部级副职以上领导干部、公司级专家、公司经理联络员代表参加会议。

△　中华全国总工会经济部副部长闵迎秋就创新工作室工作来公司调研。公司党委副书记、工会主席刘亦兵陪同客人深入到郑久强国家级技术大师工作室和劳瑞斯创新工作室，介绍了两个工作室的研究课题和创新成果等情况。

△　山西焦煤集团五麟煤焦开发有限责任公司董事长雷引民一行4人来公司访问。公司副总经理李茂广与客人座谈交流。

△　IBM全球信息科技服务部大北方区总经理李竞一来公司访问。公司副总经理姚力与客人座谈交流。

△　日照钢铁有限公司总经理助理张洪儒一行来公司访问。公司副总经理武士勇与客人座谈交流。

10 月 22~24 日

公司在唐钢体育中心承办唐山市职工乒乓球比赛。公司代表队获得女子团体冠军、男子团体第五名，男子单打冠军、女子单打第二名的好成绩。

10 月 23 日

△ 公司下发《改革创新工作安排意见》，决定以市场化为方向，全面推进改革创新，彻底破除传统管理方式、运营模式和体制机制的障碍，进一步激发企业蕴藏的巨大潜力和活力。公司成立改革创新工作领导小组和工作机构，并结合经营实际，将体制机制改革、三项制度改革、营销模式改革、科技创新、经营管理改革确定为改革创新工作的重点。

△ 法国威立雅水务公司中国区副总裁杜吉耀一行来公司访问。公司副总经理姚力与客人座谈交流。

△ 公司召开青工创新创效活动成果展示会。

10 月 25 日

△ 公司举办法律制度培训班。

10 月 26 日

△ 国家安全生产监督管理总局“西藏安全生产培训班”学员来公司参观。公司副总经理李茂广与客人座谈并陪同参观。

△ 生产制造部职工林少田、杜秀珍、郝志琴、董欣欣、胡慧荣、李建生、史秀满、胡德红，炼铁部职工王玉敏、龚瑞娟，热轧部职工安玉超，技术中心职工梅淑文、陈菲通过全国质量经理资格考试，被中国质量协会授予注册质量经理资格。

10 月 27 日

△ 印度 INCHIN 公司董事长阿努帕穆来公司访问。公司副总经理李一栋与客人座谈。

10 月 28 日

△ 唐山市委书记焦彦龙先后到不锈钢公司、创元方大公司和高强汽车板项目部调研指导工作。公司董事长、党委书记王兰玉等陪同调研。

△ 澳新银行自然资源部行政总裁梁玳伟一行来公司访问。公司总会计师赵丽树与客人座谈。

10 月 29 日

△ 华北建设集团有限公司副总经理李小均来公司访问。公司副总经理姚力与客人座谈。

△ 公司职工自主研发的“一种碎边剪剪刃润滑擦拭装置”（专利号 201420246979.6）获国家实用新型专利。

△ 公司职工自主研发的“一种操作台固定的炉底车”（专利号 201420262388.8）获国家实用新型专利。

△ 公司职工自主研发的“一种免维护全自动全封闭的下料装置”（专利号 201420262408.1）获国家实用新型专利。

△ 公司职工自主研发的“一种可同时插入吹氩顶枪和氧枪的浸渍罩”（专利号 201420262802.5）获国家实用新型专利。

10 月 30 日

△ 美国考伯斯公司总裁瓦特·特纳一行来公司访问。公司董事长、党委书记王兰玉等会见客人。

△ 公司高强度汽车板项目轧后库天车无人值守系统调试成功，标志着公司成为国内首家推出并使用天车无人值守系统的企业。此系统由公司与浦项 ICT 公司共同研发。

△ 动力部南区压缩空气系统节能改造项目通过唐山市发改委组织的项目核查，获得财政奖励资金 115 万元。

△ 能源科技分公司（河北华奥节能科技有限公司）入选国家工信部推荐的首批 117 家工业和通信业节能服务公司名单，取得了国家级节能服务公司资格。

10 月 31 日

△ 公司在第七届全国钢铁行业职业技能竞赛中获得团体第五名，在河北省所有参赛代表队中位列第一，是近三届全国大赛获得的最好成绩。热轧部职工孙希生获得天车工第二名，创出河北钢铁集团单工种最好成绩，被竞赛组委会授予“全国钢铁行业技术能手”称号；热轧部职工胡彬彬获得金属轧制工第七名，长材部职工谷海波获电气点检工第十一名，炼铁部职工刘世朝获炼铁工第二十四名。代表河北钢铁集团参赛的炼铁部职工李朝旺获炼铁工第十三名，被授予“全国钢铁行业技术能手”称号。

10 月

△　公司 4000 余吨美标加硼冷轧钢带 SAE1008B 首次成功销往墨西哥，产品化学成分、力学性能、表面质量等级完全符合出口标准及用户要求。

△　公司顺利通过全国知识产权管理体系审核认证，成为国内首批 145 家通过《企业知识产权管理规范》国家标准审核认证贯标企业之一。这标志着公司在知识产权保护与管理运用方面跃居国内领先水平。

△　公司西安钢材销售服务中心挂牌营业。

△　公司成功组织了 15 亿美元的国际贸易预收款融资，有效降低融资成本 1.83 亿元。

△　公司团委开展“争当文明使者”活动，旨在全面展现新一代唐钢青年良好的精神风貌和青春风采，为实现“净化生态环境、打造和谐网络、建设文明唐山”作贡献。

△　公司党委制定下发《关于落实党风廉政建设党委主体责任和纪委监督责任的实施意见》。

△　公司第二十一届职工代表大会全体职工代表讨论审议通过了《厂内退休管理办法补充规定》。

△　长材部 2 号高速线材生产线全面停产。

△　唐银公司 2 号棒材生产线技术改造工程开工建设。项目概算投资 3750 万元，由唐山滨海设计院设计，唐山市东方建工集团有限公司负责施工，山东朝阳建设工程有限公司承担安装任务。

△　公司大型型钢生产线成功开发 300 毫米角钢、130 毫米×180 毫米扁钢、100 毫米×180 毫米扁钢。

△　唐银公司烧结 1～2 号机尾布袋除尘器改造工程竣工投产，项目概算投资 1221 万元。项目改造完成后，总收尘面积由 7467 平方米增加到 9956 平方米。

△　唐钢美锦煤化工水务项目全部投产，开始提供优质的水处理运营服务。此项目位于滦县工业聚集区内，于 2012 年 8 月开始启动。项目概算投资 1.42 亿元，主要建设循环冷却水泵站 2 座，酚氰废水处理站 1 座，由唐钢国际工程技术有限公司、中冶京诚工程技术有限

公司设计，河北钢铁建设集团有限责任公司承建施工。此项目提高了水资源的重复利用率，减少了新水用量，同时为唐钢面向社会开展工业企业水处理、中小城镇污水处理探索积累了成功经验。

11 月

11 月 1 日

△ 长材部 1 号连铸机全面停产。

11 月 2 日

△ 不锈钢公司铁水脱硫工程热试成功并投入试运行。该工程 2013 年 3 月开工建设，概算投资 3700 万元，由北京中冶设备研究设计总院有限公司、唐山钢铁国际工程技术有限公司设计，北京中冶设备研究设计总院有限公司总承包，唐山万达铁路工程有限公司承建。工程投入运行后，铁水含硫量降低至≤0.010%，为生产高品质钢材创造了必备工艺流程。

11 月 3 日

△ 公司选定中厚板公司、不锈钢公司、热轧部、冷轧部高强汽车板公司等 4 个单位，作为先行试点推进作业长制。首批推进工作以中厚板公司为体制架构搭建试点，其他 3 家试点单位相继推进。

△ 公司团委开展“迎挑战，勇担当，做改革创新排头兵”主题团日活动，着力引领一线青工积极投身公司改革创新工作中。

△ 不锈钢公司除尘系统改造工程获批立项。项目概算投资 7200 万元。由唐山钢铁国际工程技术有限公司设计，唐山市天鸿建筑安装工程有限公司承建。

△ 热轧部信息自动化升级改造项目获批立项。项目概算投资 4389 万元，由唐钢微尔自动化公司、中国惠普有限公司、上海坤帝科软件科技有限公司、太极计算机股份有限公司、伊斯拉视像设备制造（上海）有限公司和唐钢信息自动化部联合设计实施。此项目主要对热轧部一级和二级系统进行改造。

11 月 5 日

△ 浦项 ICT 公司代表理事社长崔斗焕一行来公司访问。公司总经理田欣与客人座谈交流。

△　公司职工自主研发的“一种长寿命的加热炉钢坯输送辊道”（专利号201420296002.5）获国家实用新型专利。

△　公司职工自主研发的“一种具有集中流束的氧枪喷头”（专利号201420285812.0）获国家实用新型专利。

△　公司职工自主研发的“一种钢板控冷边部遮蔽装置”（专利号201420295975.7）获国家实用新型专利。

△　公司职工自主研发的“一种切割准确的钢材切割机”（专利号201420295926.3）获国家实用新型专利。

△　公司职工自主研发的“一种液氧泵预冷液氧安全排放装置”（专利号201420299102.3）获国家实用新型专利。

△　公司职工自主研发的“一种医用氧气站临时供气的装置”（专利号201420302793.8）获国家实用新型专利。

△　公司职工自主研发的“一种液氧储罐闪蒸汽回收装置”（专利号201420302614.0）获国家实用新型专利。

△　公司职工自主研发的“一种地坑安全操作的防护装置”（专利号201420319353.3）获国家实用新型专利。

△　公司职工自主研发的“翅片管冷却器液压胀接装置”（专利号201420319348.2）获国家实用新型专利。

△　公司职工自主研发的“一种能够避免剪切后堆钢的冷连轧机飞剪”（专利号201420319254.5）获国家实用新型专利。

△　公司职工自主研发的“一种可以快速更换的防锈轴套”（专利号201420319260.0）获国家实用新型专利。

△　公司职工自主研发的“一种球底铁水包的球底内衬结构”（专利号201420319210.2）获国家实用新型专利。

△　公司职工自主研发的“一种对打包带进行反复弯曲试验的手动器具”（专利号201420319309.2）获国家实用新型专利。

△　公司职工自主研发的“一种钢材快速冷却台”（专利号201420319317.7）获国家实用新型专利。

△　公司职工自主研发的“一种输坯辊道的分段控制装置”（专利号201420319341.0）获国家实用新型专利。

△　公司职工自主研发的“一种炼钢一次除尘风机入口排水器”

（专利号 201420319342. 5）获国家实用新型专利。

△ 公司职工自主研发的“一种排焦除尘自动清灰装置”（专利号 201420339137. 5）获国家实用新型专利。

△ 公司职工自主研发的“一种能够更好地保护夹钳和钢卷的起重门式夹钳”（专利号 201420341876. 8）获国家实用新型专利。

11 月 7 日

△ 河北钢铁集团邯钢公司党委副书记赵瑞祥、尤善晓一行 6 人来公司就改革创新工作进行对标交流。公司党委副书记、工会主席刘亦兵，党委副书记、纪委书记王春东与客人座谈。

11 月 10 日

△ KANDIL 公司总裁坎迪尔一行 4 人来公司访问。公司副总经理李一栋与客人座谈。

△ 澳大利亚国民银行中国区公司银行业务总监朱嘉贺一行来公司访问。公司总会计师赵丽树与客人座谈交流。

△ 长材部 2 号连铸机全面停产。

△ 不锈钢公司铁水脱硫项目增加铁路改造工程开工建设。工程概算投资 1084. 48 万元，由唐山钢铁国际工程技术有限公司设计，唐山万达铁路工程有限公司负责施工。主要施工内容为将原有 50 轨铁路更换为 60 轨铁路。

11 月 11 日

△ 中国证监会主席肖钢到公司调研指导工作。河北省省长助理、省金融办主任江波，河北省证监局局长郭润伟，唐山市委书记焦彦龙等陪同调研。河北钢铁集团董事长于勇出席座谈会，并就肖钢一行关注的钢铁行业当前面临的形势和未来发展等问题进行交流。公司董事长、党委书记王兰玉，总经理田欣，总会计师赵丽树参加座谈会。肖钢对公司的发展给予充分肯定和高度评价。

11 月 12 日

△ 公司召开“大客户经理”营销制度启动大会，成立了由公司主要领导任组长的领导小组，下设 13 个“大客户经理”服务团队，着力构建“生产+销售+研发+质量”的创新营销组织模式。公司董事长、党委书记王兰玉强调，要建立以用户为中心的生产运行体

系，充分发挥“产、销、研、用”一体化作用，围绕产线布局销售网络，完善绩效考核激发活力，持续推进产品结构调整和市场开发。公司总经理田欣，副总经理李茂广、张洪波出席会议。公司市场、技术、销售、财务等单位负责人参加会议。

11月13日

△ 中国惠普有限公司总经理蔡震宇一行来公司访问。公司副总经理姚力与客人座谈。

△ 河北省总工会职工生活后勤保障观摩团一行5人，在唐山市总工会副主席曹敏生陪同下到公司观摩学习。

△ 公司召开党风联络员座谈会。新受聘的来自各单位的25名公司党风联络员参加会议。

11月14日

△ 河北钢铁集团石钢公司董事长、党委书记王立平一行来公司对标交流。公司董事长、党委书记王兰玉与客人座谈交流。

△ 公司顺利通过由中启计量体系认证中心河北分中心进行的测量管理体系AAA认证工作监督审核。

△ 气体公司正式引入协同管理平台信息化项目。

11月15日

△ 公司团委开展“改革创新，青年先行”献计献策活动。

11月17日

△ 中国钢铁工业协会常务副秘书长、冶金工业规划研究院院长李新创一行来公司调研。公司副总经理李茂广与客人座谈。

11月18日

△ 韩国经贸代表团来公司访问。公司副总经理姚力在展示厅与客人座谈交流。

11月19日

△ 公司召开全员绩效管理第一阶段汇报会。公司董事长、党委书记王兰玉强调，必须正确认识全员绩效管理的重要性与必要性，统一思想，坚定信心，迅速导入全员绩效管理体系，并不断完善，全面激发企业内部活力。公司副总经理姚力出席会议。公司各单位主要领导、负责绩效管理的主管科长参加会议。

△　秦皇岛同业冷轧带钢有限公司董事长兼总经理张国来一行来公司访问。公司董事长、党委书记王兰玉与客人座谈。

△　公司团委开展“冬日暖阳”公益活动，利用微信平台为四川凉山州黑竹沟小学的彝族孩子们募捐冬装，活动累计收集各类冬装537件。

11月20日

△　唐山市钢铁工业协会2014年度会员大会在公司召开。中国钢铁工业协会常务副秘书长、冶金工业规划研究院院长李新创，唐山市委常委、副市长刘建立，唐山市政府特邀咨询辛志纯出席会议。唐山市钢铁工业协会理事长、公司董事长、党委书记王兰玉作钢协工作报告。来自国丰钢铁、瑞丰钢铁等100余名企业家参加了大会。

△　公司平整分卷区外围供电增容项目竣工投入使用。该项目于2014年9月1日开工建设，概算投资385万元，由唐山钢铁国际工程技术有限公司、河北星辰世嘉自动化技术工程有限公司承包建设。

11月21日

△　公司“环境和职业健康安全管理体系”顺利通过年度监督审核。

△　微尔自动化公司经北京中经科环质量认证公司评估，顺利通过ISO 9001：2008质量管理体系认证，覆盖范围包括计算机信息系统集成、应用软件开发与设计。

△　历时8个月的2014年职工健康体检工作全面结束。公司医院完成公司职工健康体检27309人，其中女职工5977人，参检率达到93.1%，是历年来参检人数最多的一次。

11月22日

△　公司团委在生产制造部、技术中心、销售分公司、商贸分公司等单位开展品种钢直销竞赛活动。

11月23日

△　公司税钢小区4台10吨锅炉改为城市集中供热工程完工并投入使用。

11 月 24 日

△ 西门子奥钢联董事长、首席执行官诺依曼一行来公司访问。公司董事长、党委书记王兰玉与客人座谈交流。

11 月 25 日

△ 国家发改委顾问、中国投资协会名誉会长石启荣来公司调研。河北钢铁集团副总经理王新东陪同调研。公司董事长、党委书记王兰玉，总经理田欣及公司其他领导参加座谈。

△ 日本帕卡濑精株式会社国际本部部长里见康夫一行来公司访问。公司副总经理李一栋与客人座谈交流。

11 月 27 日

△ 中冶焦耐工程技术有限公司董事长、党委书记于振东一行来公司访问。公司董事长、党委书记王兰玉与客人座谈交流。

△ 世界知名冶金设备制造商奥尔·沃纳、达涅利中国公司董事长白明磊一行来公司访问。公司董事长、党委书记王兰玉与客人座谈交流。

△ 不锈钢公司和中石油上海宝世威钢管制造有限公司成功签订 1475 吨 X52 石油管线钢供货合同，标志着不锈钢公司石油管线产品成功打入中石油在华东地区最大的石油钢管制造企业。

△ 唐山市第十五届职工职业技能大赛转炉炼钢工比赛在公司举行。公司派出 5 名选手参赛。

11 月 28 日

△ 公司召开 2014 年科技与人才工作会议。会议强调，要充分认识科技创新对新常态下钢铁企业突破困境、转型发展的重要性和紧迫性，将科技创新置于战略高度，坚定不移、持之以恒、不遗余力地推进，为实现公司“双 100 万吨和双 60%”的产品结构调整目标提供坚实的技术支撑。公司董事长、党委书记王兰玉作重要讲话，总经理田欣主持会议。

△ MWE 公司常务董事格鲁斯曼一行 3 人来公司访问。公司副总经理张洪波在展示厅与客人座谈交流。

11 月 29 日

△ 由国家教育咨询委员会委员季明明、中组部干部教育局原副

局长李为民率队的中国企业教育百强企业大学咨询专家一行来公司就创建一流企业大学调研访问。公司党委副书记、纪委书记王春东，公司副总经理张洪波与客人座谈交流。

11 月 30 日

△ 公司主体生产单位工序计量工程开工建设。项目概算投资 705 万元，由唐山微尔机电安装有限责任公司设计施工总承包。

11 月

△ 公司冷轧重卷生产线成功生产厚度为 2.20~2.49 毫米的超厚规格退火产品，突破了该类品种规格范围的极限，标志着这一产线厚规格生产能力再上新水平。

△ 公司生产冷轧低合金高强系列汽车钢 1320 吨，涉及 HC340LA、HC260LA、T280VK 等多个牌号，产品全部直供重点汽车钢用户，标志着该类产品全面进入系列化批量生产阶段。

△ 公司沈阳钢材销售服务中心挂牌营业。

△ 新事业公司将印刷服装厂分立为文化传媒公司（原印刷厂部分）和服装厂两个单位。金属包装厂工艺美术与广告传媒业务及人员整体划入文化传媒公司。

△ 公司党委制定下发《党委中心组学习制度》，进一步规范了两级党委中心组的学习制度。

△ 公司党委成立 4 个驻村帮扶工作队，分别到保定安新县大田庄村（白洋淀连片美丽乡村建设核心区），张家口市张北县马鞍桥村、大沟村，承德市围场县三复兴地村开展驻村帮扶工作。

△ 由省、市质量技术监督局组成的“采标”验收工作组对公司“采标”工作进行审查，公司《碳素钢热轧圆盘条》（Q/TB 102—2013）、《碳素结构钢热轧钢带》（Q/TB 207—2013）等 4 个企业标准全部通过“采标”验收。目前，公司有效期内的采标数量达到了 15 个。

△ 中厚板公司品种钢比例达到 55.88%，创月度新高。

△ 新事业公司与山东齐鲁石化、济南华创合作开发无灰抗磨液压油、高压抗磨液压油及铁路四代内燃机油 3 个油品品种。

△ 公司人力资源信息化工资模块上线试运行，实现薪酬管理工具历史性飞跃，提高了人力资源管理效率。

12 月

12 月 1 日

△ 公司党委召开驻村帮扶工作座谈会。公司党委副书记、纪委书记王春东参加座谈会。

12 月 2 日

△ PSI 金属集团总裁赛文·布什一行 5 人来公司访问。公司副总经理武士勇与客人座谈。

△ 不锈钢公司自动化炼钢调试成功。

△ 气体公司为推进上市正式注册成立上海惠唐郅和投资有限公司。

12 月 3 日

△ 公司职工自主研发的“一种能提高烟气脱水效果的转炉脱水装置”（专利号 201420339068.8）获国家实用新型专利。

△ 公司职工自主研发的“一种不易脱落的干熄焦焦罐导向轮”（专利号 201420339082.8）获国家实用新型专利。

△ 公司职工自主研发的“一种磨削工作辊的自动调心扁头驱动装置”（专利号 201420339011.8）获国家实用新型专利。

△ 公司职工自主研发的“一种摆动流嘴指示装置”（专利号 201420338963.8）获国家实用新型专利。

△ 公司职工自主研发的“一种转炉下渣检测装置”（专利号 201420340061.8）获国家实用新型专利。

△ 公司职工自主研发的“一种防止冷连轧机机架间乳化液窜液的装置”（专利号 201420355297.9）获国家实用新型专利。

△ 公司职工自主研发的“一种多座高炉的多台鼓风机组互相拨风的装置”（专利号 201420386624.7）获国家实用新型专利。

△ 公司职工自主研发的“一种辊底炉用空气单蓄热式烧嘴”（专利号 201420389583.7）获国家实用新型专利。

△ 公司职工自主研发的“一种平行度可调的双排滚动导卫”

（专利号 201420400610. 6）获国家实用新型专利。

△　公司职工自主研发的“一种斗轮取料机传动轴密封装置”（专利号 201420409740. 6）获国家实用新型专利。

12 月 4 日

△　上海荆汉贸易有限公司总经理李靖伟一行来公司访问。公司副总经理李茂广在展示厅与客人座谈交流。

△　中国惠普企业服务集团应用开发服务部总经理谢泉彬一行 6 人来公司访问。公司副总经理姚力与客人座谈。

△　西门子中国冶金技术部副总裁施耐德一行 3 人来公司访问。公司总会计师赵丽树、副总经理张弛与客人座谈交流。

△　丹麦区域能源代表团一行 25 人来公司参观。公司副总经理武士勇陪同参观。

12 月 7 日

△　公司党委中心组召开学习党的十八届四中全会精神专题会议，集中学习了《中共中央关于全面推进依法治国若干重大问题的决定》。公司党委书记、董事长王兰玉主持会议。公司总经理田欣，公司领导王春东、李一栋、李茂广、张洪波、姚力、赵丽树、武士勇、张弛参加了学习。

△　公司领导班子集中学习集团 2015 年重点工作分析及说明会精神。公司董事长、党委书记王兰玉指出，要深入学习、深刻领会集团会议精神，特别是集团于勇董事长的重要讲话，进一步增强危机感、责任感，以更高的站位和标准抓好当前及明年重点工作的落实，当好集团改革发展排头兵。公司总经理田欣和其他领导班子成员参加会议。

12 月 10 日

△　公司职工自主研发的“一种绞车卷筒的堆焊修复工艺”（专利号 201210392028. 5）获国家发明专利。

△　公司职工自主研发的“一种干熄焦汽轮机蒸汽放散消声器”（专利号 201420339116. 3）获国家实用新型专利。

△　公司职工自主研发的“一种转炉分渣导流裙板装置”（专利

号 2014204695626）获国家实用新型专利。

12 月 11 日

△ 日本伊藤忠集团控股大连新绿再生资源加工有限公司总经理长闵利典一行 6 人来公司访问。公司副总经理姚力在展示厅与客人座谈交流。

△ 爱西爱西爱银行有限公司金融机构部高级客户经理 Ashutosh Sharma 一行来公司访问。公司总会计师赵丽树与客人座谈。

△ 伊斯拉集团副总裁兼 CEO 汉斯、QMS 产品经理迈克尔、亚太区总经理全振虎一行来公司访问。公司副总经理武士勇与客人座谈交流。

12 月 12 日

△ 公司举办“两化融合”专题培训。公司副总经理姚力出席培训会，运营改善部及非钢单位相关负责人参加培训。

12 月 14 日

△ 不锈钢公司 1580 毫米生产线成功轧制 1.8 毫米薄规格花纹板。

12 月 15 日

△ 公司下发《关于在试点单位推行作业长管理制度的通知》《关于下发〈作业长制推进管理程序〉的通知》《作业区及作业长队伍管理标准》。

△ 公司成功轧制 13 支欧标 130 毫米×130 毫米×(8、10、12、14) 毫米等 4 个规格的等边角钢，进一步拓宽了欧标角钢的产品范围和创效品种，标志着公司已具备上述规格欧标角钢的批量接单能力。

△ 不锈钢公司能源计量系统改造项目完工并正式上线运行，实现了能源数据系统自动采集及能源报表自动生成。

△ 长材部中型生产线成功轧制 130 毫米角钢。

12 月 16 日

△ 法国法孚钢铁总裁菲利普一行 5 人来公司访问。公司董事长、党委书记王兰玉会见客人。

△ 清华大学核研院新能源技术研究所副所长李十中博士来公司

考察。公司副总经理姚力陪同考察。

12 月 17 日

△ 公司印发《关于高强汽车板采购、销售平台业务及相关职能划分的通知》。根据文件，高强汽车板有限公司信息化系统的采购模块和销售模块由市场部统一维护。高强汽车板产品销售业务由市场部、销售分公司和国贸分公司共同承担。其中，市场部负责高强汽车板项目汽车用钢和品种钢的销售业务，销售分公司负责高强汽车板项目普材的销售业务，国贸分公司负责高强汽车板出口产品的销售业务。

△ 公司印发《价格执行监督管理办法》，对商贸分公司各营销网点、唐钢华冶（天津）钢材营销有限公司产品的销售价格、销量、库存等情况进行监控。

△ 不锈钢公司升级改造工程竣工，为不锈钢公司生产汽车板原材料奠定了工艺装备基础，设计生产能力 100 万吨/年。

12 月 18 日

△ 国家发改委党组成员、副主任胡祖才来公司调研。国家发改委企业司司长年勇，国家发改委企业司副巡视员李忠娟，河北省政府副秘书长那书晨等参加调研。公司董事长、党委书记王兰玉陪同调研并汇报了相关工作。

△ 国家“两化融合”创新联盟专家组成员、中国电子商务创新推进联盟专家委委员、唐山市工业和信息化局副局长李技，以及中国惠普有限公司企业服务集团销售总经理王胜利一行来公司访问。公司董事长、党委书记王兰玉在会议中心与客人座谈交流。

12 月 19 日

△ 华侨银行（中国）有限公司天津分行行长孙富杰一行 3 人来公司访问。公司总会计师赵丽树与客人座谈。

12 月 20 日

△ 公司召开 2014 年度信息化暨高强汽车板信息化项目上线动员大会。公司董事长、党委书记王兰玉发表重要讲话。王兰玉强调，信息化上线过程是主动改变自己的过程，要充分适应并利用好信息化工具，以壮士断腕的勇气与决心，深度挖掘信息化系统功能，全面提

升公司管理水平。公司总经理田欣，副总经理李茂广、武士勇出席会议。

12 月 22 日

△　公司举办推进作业长制专题讲座。公司董事长、党委书记王兰玉，副总经理李茂广聆听讲座。

12 月 23 日

△　根据《河北钢铁集团董事会关于收购德高国际贸易控股公司控股股权事项的决议》(〔2014〕第 211 号)，公司第七届董事会第五十七次会议审议通过了德高国际贸易控股有限公司股权划转事项，将公司所持德高公司 10%股权（即 383334 股普通股）无偿划转给河北钢铁集团公司。

△　公司通过河北省档案局“企业档案工作目标管理认定”五星级认定。这是公司首次参评五星级认定。

△　浦项制铁所炼铁部一炼铁分厂厂长文星基一行 5 人来公司访问。公司副总经理张洪波与客人座谈交流。

12 月 24 日

△　公司与中国邮政储蓄银行河北省分行签署战略合作协议。公司董事长、党委书记王兰玉，邮储银行河北省分行行长、党委书记董志宏共同出席签约仪式并致辞。公司副总经理李一栋主持仪式。公司总会计师赵丽树和邮储银行河北省分行副行长李兰苏分别代表双方在战略合作协议上签字。此协议的签订，将为公司下步转型发展提供更为有利的金融支持。

△　公司污染源排放工况监控系统工程通过唐山市环境保护局组织的污染源排放工况监控项目验收。

△　公司下发实施《能源计量设备选型原则》。

△　公司正式实施采购合同 ERP 线上管理。

△　不锈钢公司 1580 毫米生产线成功轧制 2. 0 毫米薄规格高强带钢 Q345B，标志着该公司已具备轧制高强系列钢种以及薄规格汽车钢板卷的能力。

△　公司职工自主研发的“一种改进密封结构的蓄热式加热炉三通换向阀”（专利号 201420386774. 8）获国家实用新型专利。

12 月 25 日

△　公司第七届董事会第五十八次会议审议通过了参与财达证券有限责任公司增资扩股事项，公司以现金方式出资 67050 万元，认购财达证券新增股本中的 22500 万股，认购价格为 2. 98 元/股。增资扩股完成后，公司对财达证券的持股比例由 37. 45%增至 38. 35%。

12 月 26 日

△　公司党委中心组召开专题学习会，集中学习《习近平谈治国理政》一书。

△　公司召开领导班子专题会议，认真学习贯彻本月 25 日召开的河北钢铁集团工作会议精神，特别是于勇董事长的重要讲话精神，并就贯彻落实集团要求，全面实现 2015 年目标任务作出部署。

12 月 29 日

△　公司召开 2014 年最后一次工作会议。公司董事长、党委书记王兰玉强调，回顾 2014 年，公司感知了市场，提振了信心，各项工作实现了稳步推进。2015 年，公司要按照河北钢铁集团的总体要求，坚定不移谋划好、落实好各项改革创新重点工作，确保各项重点工作取得突破性进展。

△　公司召开第二十一届职代会第九次会议预备会。公司董事长、党委书记王兰玉主持会议并就召开好本次职代会提出要求。公司总经理田欣就本次职代会主要议案作重要说明。

△　团省委办公室副主任张一新一行来公司调研，团市委书记石井满、副书记李虹陪同调研。公司党委副书记、纪委书记王春东在会议中心与客人座谈。

12 月 30 日

△　公司团委召开“决战四季度当先锋，比贡献，展风采”工作交流会，总结并推广了活动中涌现出的“敬业之星”和“创效先锋”的先进经验。

12 月 31 日

△　长材部 1 号高速线材生产线全面停产。

△　动力部完成中厚板能源计量网改造仪表安装、网络施工及软件开发项目，实现能源网数据统一管理。

△　气体公司五套空分机组连续14个月实现无故障停机，达到国内同行业领先水平。

△　公司职工自主研发的“步进梁钢卷运输链设备位置检测元件安装固定装置”（专利号201420514577.X）获国家实用新型专利。

△　公司职工自主研发的“一种液氩汽化器冷能空调装置”（专利号201420514353.9）获国家实用新型专利。

△　公司职工自主研发的“一种能够使空分装置低负荷运行的连接结构”（专利号201420517222.6）获国家实用新型专利。

△　公司职工自主研发的“一种用于振动筛的T型螺栓保护装置”（专利号201420469565.X）获国家实用新型专利。

△　公司职工自主研发的“一种车载LNG冷能空调装置”（专利号201420514576.5）获国家实用新型专利。

12月

△　公司生产的600吨耐硫酸露点腐蚀用钢Q315NS成功下线，质量和性能均达到国标要求，标志着该产品首次实现了批量生产。

△　公司产品质量证明书客户自助系统开始试运行。

△　公司产品检验逐步开始使用新QMS系统进行判定，检验判定完全融入信息化管理模式。

△　公司大型型钢生产线成功轧制1050吨SAE1006 180毫米×130毫米电极扁钢，标志着公司大型材产品成功打入国内电解铝市场。

△　公司生产冷轧罩退产品8.02万吨，其中出口产品4.96万吨，创该产品月产量及月出口量最高纪录。

△　热轧部1700毫米生产线轧辊消耗完成0.518千克/吨，创该生产线投产以来最好水平。

△　不锈钢公司完成S235JR、S275JR和S355JR三个牌号共19880吨欧标加硼钢出口以色列合同。

△　青龙炉料公司氧化球团生产线完成脱硫项目和两台燃煤锅炉环评验收工作，获政府奖励资金780万元。

△　公司医院与市高新区新农合签订协议，成为该区新型农村合作医疗定点医院。

2014 年

△　公司共产铁 1557.05 万吨，钢 1509.47 万吨，钢材 1494.94 万吨；实现营业收入 587.18 亿元，利税 14.45 亿元，其中利润 5.56 亿元。

△　公司实现挖潜增效 50 亿元，折合吨钢增效 330 元。

△　公司能源成本完成 855.38 元/吨，同比降低 72.77 元/吨，降幅达 7.84%。

△　公司自发电量完成 35.50 亿千瓦时，创效 17.75 亿元。

△　公司本部实现焦炉煤气零放散，高炉煤气放散率降至 0.13%，转炉煤气回收量完成 113.06 立方米/吨，炼钢蒸汽回收量完成 113.47 千克/吨，进一步提高了二次能源回收及利用效率。

△　公司利用合同能源管理方式实施了 7 项节能改造项目。

△　公司合同计划兑现率完成 96.6%，同比提高 0.05 个百分点。

△　公司资金占用月均降低 3600 万元。

△　公司废次降率完成 0.47%，同比降低 27%，实现创效 328 万元。

△　公司质量异议数量同比减少 27%。

△　公司合金料质量合格率达到 100%。

△　公司大力推行工艺消耗件“三标一包”制度，工艺消耗件费用完成 5.04 亿元，吨钢完成 69.3 元，同比降低 16.8 元/吨，降低费用 1.23 亿元，降幅达 19.6%。

△　公司 8 个产销研一体化攻关项目发货量完成 238 万吨，新产品产销量完成 73.2 万吨，增创效益 5048 万元。

△　公司 51 个系统优化攻关项目累计增效 3.51 亿元。

△　公司生产 HRB500E 高强抗震钢筋 10.98 万吨，产品广泛应用于唐山新华文化广场、唐山新妇幼医院、天津津湾广场、河北联合大学搬迁等 20 余个重点工程项目，成为国内首家高强钢筋推广达到 10 万吨的生产企业。

△　公司热轧薄规格产品、电工钢、高碳钢、汽车用钢、高端镀锡基板、结构级镀锌板等 8 个系列重点品种开发生产取得进步，产销量突破 220 万吨，比普通产品增创效益 2 亿元以上。

△　公司加强营销网络建设。强化点对点营销，按照“3+X”布局，加快构建涵盖唐山、保定、天津3个区域性市场的加工配送中心和面向终端大客户的销售服务网点。产品直销比完成62.8%，同比提高12个百分点。

△　公司出口钢材达到404万吨，同比增长30%，出口产品占比达到30%以上，出口比例位居国内第一，市场版图逐步扩展到东南亚、东欧等地区，出口产品比在国内销售增创效益3亿元。

△　公司本部实施公务用车、通勤用车和生产用车集中统一管理，全年降低相关费用2000万元以上。

△　公司从钢铁主业优化分流正式员工1600人，降低主业人工成本1.25亿元；年内累计清退外委劳务人员1567人，降低劳务费用5374万元。

△　公司共承担7项国家、省、市科技计划项目，发布科研课题51项，课题完成率75%。获国家科技进步奖1项，获中钢协冶金科学技术奖1项，获河北省科技进步奖3项、河北省冶金科学技术奖10项。共申请专利113项，其中发明专利35项、授权专利94项，创近年来最好成绩。

△　公司主持修订的《铁塔用热轧角钢》行业标准顺利通过审定。

△　公司将保卫系统划入非钢产业，开辟了保卫工作走向经营管理的先河。

△　非钢事业部撰写的《加快非钢发展体制机制创新 实现公司“多元发展”转型升级》论文获2014年河北省国资监管工作协会会员单位全面深化改革调研报告特等奖。

△　2014年末，公司党委下设32个基层党委，2个直属党总支，3个直属党支部，361个基层党支部，在册党员总数为14107名。

△　公司热轧部“郑久强国家级技能大师工作室”和“丁国伟加热炉技术创新工作室”成功解决了炼钢技术操作、加热炉能耗降低等20多项关键性技术难题，4项专业技术被授予国家专利，共实现创效1000多万元。

△　公司对厂部级管理人员统一试行年薪制管理模式，出台

《厂部级管理人员薪酬管理办法（试行)》。

△　冷轧部实现利润 2.03 亿元，吨钢成本降低 21 元；商品量 249.3 万吨，同比增加 9 万吨，镀锌产品达到 119 万吨，同比增加 17 万吨，占比从 42.5%上升到 47.7%；品种钢发货量 184.3 万吨，同比增加 17.7 万吨，产品牌号新增 16 个；出口 149.4 万吨，同比增加 12 万吨，出口量占总商品量比例达到 60%。

△　热轧部钢铁料消耗完成 1064.7 千克/吨，同比降低 1.97 千克/吨，吨钢降低 3.5 元。

△　热轧部转炉石灰消耗完成 39.73 千克/吨，同比降低 8.91 千克/吨，吨钢降低 4 元。

△　热轧部 1700 毫米生产线吨钢轧辊消耗完成 11.41 元，同比降低 3.35 元；1810 毫米生产线吨钢轧辊消耗完成 18.45 元，同比降低 4.82 元。

△　公司大型型钢生产线生产大型钢材 40.5 万吨。

△　销售分公司通过网上竞价处置非计划品 17 万吨，同比提高 7 万吨，累计超底价创效 444 万元。

△　国贸分公司完成长协及贸易铁矿进口共计 1448.79 万吨。

△　商贸分公司销售钢材 111 万吨，同比增加 61.7 万吨；加工板材 28.7 万吨，同比增加 19.5 万吨；实现销售收入 34.3 亿元，同比增加 17.2 亿元；直销比达到 65.2%；品种钢比例达到 69.96%。

△　气体公司天然气项目投产首年实现销售收入 6866 万元，实现利润 1028 万元。

△　物流公司曹妃甸港口服务公司装卸船只 168 艘，装卸量完成 278.41 万吨，营业总收入达到 1081 万元。

△　物流公司完成物料到达总量 1875 万吨，铁路总运量 3421 万吨，产品装卸总量 1412 万吨，发货总量 756.7 万吨，吨钢降低物流费用 24.47 元，增创效益 1.78 亿元。

△　微尔自动化公司承接各类工程项目 112 项，合同总额 3 亿元，实现创效 3268 万元；设备事故时间 81.98 小时，月均 7.45 小时，同比减少 1.45 小时。

△　钢源冶金炉料公司实现盈利 1597.9 万元，麦尔兹窑灰石料

消耗降至1700千克/吨，该项指标位列行业首位。

△ 唐钢国际监理公司成功申获房建、电力专业甲级资质。

△ 能源科技分公司（河北华奥节能科技有限公司）签订节能减排项目合同额2.86亿元。

△ 能源科技分公司（河北华奥节能科技有限公司）获煤调湿设备运行管理系统和煤调湿烟气处理系统计算机软件著作权。

△ 公司医院在唐山市医疗卫生系统率先实行药房托管，实现管理创效800万元。

△ 公司医院骨外科完成唐山市首例慢性肾功能不全人工全髋关节置换术。

△ 公司医院微创技术日趋完善，微创手术量超过100例；完成心脏冠脉造影180例；完成造血干细胞移植治疗17例；引进C14呼气试验检查、仿生助产、分娩镇痛等新技术；完成透析量2.5万台次，再创历史新高。

△ 公司医院完成“胚胎期暴露手机辐射幼鼠神经系统功能评价”“外周血造血干细胞移植患者的观察与护理”两项省级科研项目。

△ 教育中心累计进行公司职工培训8517人，其中职工转岗培训1276人、管理类培训384人、考前培训689人、技师高级技师综合素质能力提升培训405人、安全培训4086人，同时完成了1677人次炼铁工、炼钢工、轧钢工、仪表工等工种的中高级技能鉴定工作。

2015年

1月

1月1日

△　公司全员绩效管理体系正式运行。

1月2日

△　公司将持有的德高公司股权划转至河北钢铁集团。

1月5日

△　公司董事长、党委书记王兰玉，总经理田欣会见集团采购总公司总经理、党委书记迟桂友一行。

△　广东毅马集团董事长张燕航一行4人来公司访问。公司副总经理李茂广与客人座谈交流。

1月6日

△　公司第二十一届职工代表大会第九次会议在公司俱乐部隆重召开。公司董事长、党委书记王兰玉出席会议并发表重要讲话，公司总经理田欣作《行政工作报告》，公司党委副书记、纪委书记王春东主持会议。269名职工代表参加会议，部分公司科技、管理人员代表，一线职工和各民主党派代表列席了会议。会议审议通过了《行政工作报告》《2015年全面预算》《2015年经济责任制总体方案》《2014年业务招待费使用情况报告》《2015年全员素质提升培训实施方案》等七项议案。

△　市卫计委副主任孙永利一行4人来公司检查指导工作。公司党委副书记、纪委书记王春东与客人座谈。

1月7日

△　公司职工自主研发的“一种降低钢包内衬耐材消耗的含硼钢生产方法”（专利号201310295314.4）获国家发明专利。

△　公司职工自主研发的“低温液体储罐出口连接结构”（专利号201420554379.6）获国家实用新型专利。

△　公司职工自主研发的“一种能够实现煤气完全燃烧的蓄热

式烧嘴”（专利号 201420554409.3）获国家实用新型专利。

△ 公司职工自主研发的“一种金属板材多拉伸试样标距划线装置”（专利号 201420490253.7）获国家实用新型专利。

△ 公司职工自主研发的“大型内燃机汽缸套更换导套”（专利号 201420548134.2）获国家实用新型专利。

△ 公司职工自主研发的“大型渣罐造型工装”（专利号 201420544333.6）获国家实用新型专利。

△ 公司职工自主研发的“高炉泥炮控制连杆”（专利号 201420544627.9）获国家实用新型专利。

△ 公司职工自主研发的“链式排缆器”（专利号 201420544321.3）获国家实用新型专利。

1 月 8 日

△ 全总中国工运研究所副所长张妍延一行 4 人来公司调研。公司党委副书记、纪委书记王春东与调研组成员座谈交流。

1 月 9 日

△ 唐山市 2015 年冶金行业隐患排查专项行动部署会议在公司召开。公司总经理田欣、副总经理李茂广出席会议。会议通报了 2014 年全市冶金行业生产及事故情况，并对 2015 年冶金行业隐患排查专项行动进行了部署。

1 月 12 日

△ 集团高比例球团矿高炉冶炼项目推进会在公司会议中心召开。集团副总经理王新东主持会议并讲话。公司总经理田欣等参加会议。

△ 公司董事长、党委书记王兰玉在展示厅会见西姆斯金属管理有限公司总裁加尔迪诺。

1 月 15 日

△ 公司董事长、党委书记王兰玉在会议中心会见德高公司副总裁米奇里尼一行。

△ 公司召开 2015 年安全生产工作会议。公司董事长、党委书记王兰玉主持会议并作重要讲话。公司总经理田欣与 5 家单位代表签订了安全生产责任状。

△　公司高强度汽车板项目连退机组热试成功。该机组于2014年4月动工建设，主要涉及退火炉、光整机、焊机、活套、清洗段等关键设备，总质量逾8600吨，投资约6.5亿元，设计年产量75万吨，由SVAI公司、ANDRITZ公司、MIEBACH公司等负责提供技术集成和关键设备，中国二十二冶集团有限公司承建。

△　公司高强度汽车板项目酸轧机组热试成功，主要涉及五连轧机、卡罗塞尔卷取机、焊机、活套、酸洗系统等关键设备，总质量逾7300吨，投资约7.55亿元，设计年产量150万吨。由SVAI公司、MIEBACH公司等负责提供技术集成和关键设备，中国二十二冶集团有限公司、河北钢铁建设集团有限公司承建。

△　公司技术比赛暨先进技术操作法表彰会在会议中心召开。公司董事长、党委书记王兰玉主持会议并讲话。公司总经理田欣等出席会议。2014年，公司职工参加了全国钢铁行业、省国资委、唐山市、集团及公司五个层级37个工种的比赛。

1月16日

△　济南市经信委规划技改处处长杨兴才一行9人来公司考察。公司副总经理武士勇与客人座谈交流。

1月17日

△　公司与东北大学签署战略合作协议，标志着公司与东北大学的战略合作拉开了序幕。

1月20日

△　公司团委在会议中心举办“改革路上，创新同行”演讲比赛，公司党委副书记、纪委书记王春东观看比赛并为获奖选手颁奖。

1月21日

△　公司职工自主研发的“一种炼钢转炉下修炉球形炉底结构”（专利号201420548142.7）获国家实用新型专利。

△　公司职工自主研发的“一种内燃机车车载换油装置”（专利号201420553958.9）获国家实用新型专利。

△　公司职工自主研发的“天车滚筒拆装专用工具”（专利号201420563399.X）获国家实用新型专利。

△　公司职工自主研发的“一种照明控制电路”（专利号

201420609051. X）获国家实用新型专利。

1 月 22 日

△ 依托中厚板现有大型钢生产线，成立型钢部。公司将中厚板公司矩形坯连铸机、大型型钢生产线及相应的生产系统配套设施划归至型钢部。

△ 公司在会议中心举行大客户经理制讲座，邀请西门子（中国）有限公司专家系统讲解西门子在大客户管理方面的经验做法。公司董事长、党委书记王兰玉，总经理田欣出席讲座并在讲座开始前会见了西门子（中国）有限公司冶金技术部副总裁施耐德一行。

1 月 24 日

△ 不锈钢公司轧制目标 SG295Cr 合金化气瓶用热轧钢带一次成功，进一步丰富了产品结构。

1 月 26 日

△ 公司党委中心组专题学习习近平总书记在中纪委十八届五次全会上重要讲话精神，以及中纪委十八届五次会议公报。

△ 公司与北京铁路局唐山货运中心对接，推出“一揽子”合作计划，铁路运价享受“一口价”优惠政策。

△ 公司召开 2014 年驻村帮扶工作汇报座谈会。公司党委副书记、纪委书记王春东出席会议。

1 月 27 日

△ 公司在中厚板公司召开作业长制推进启动会。公司董事长、党委书记王兰玉出席会议并讲话。公司聘请的外部咨询专家团队、各试点单位和相关部室负责人以及作业长代表、基层职工代表 100 余人参加了启动会。

△ 公司董事长、党委书记王兰玉在会议中心会见德高公司总裁摩根一行。公司总经理田欣等参加会见。

1 月 27～30 日

△ 公司领导王春东、李一栋、李茂广、张洪波、姚力、赵丽树、武士勇、张弛分别走访慰问公司劳动模范和困难职工，为他们送去企业的关怀和温暖，并致以新春的祝福。

1 月 28 日

△ 青龙县委书记于春海、县长王殿忠，带领县委、县政府、县人大、县政协四套班子主要成员及县直有关部门负责人来公司访问。公司董事长、党委书记王兰玉在会议中心会见客人。公司总经理田欣等参加会见。

△ 二重集团副总经理屈大伟一行 5 人来公司访问。公司副总经理武士勇与客人座谈。

△ 公司职工自主研发的“一种热轧钢卷运输横移平台拉线编码器”（专利号 201420563209. 4）获国家实用新型专利。

△ 公司职工自主研发的“一种管道带压钻孔装置”（专利号 201420548126. 8）获国家实用新型专利。

1 月 28~29 日

△ 公司董事长、党委书记王兰玉，总经理田欣走访慰问公司劳动模范和困难职工。

1 月 30 日

△ 集团非钢产业发展现场会在公司会议中心召开。会议分析了集团当前非钢产业的发展现状，对非钢产业下一阶段的发展规划、工作思路和推进要求进行部署。公司董事长、党委书记王兰玉等参加会议。

△ 法兴银行亚太区金属及矿业融资部董事、总经理叶耀东一行 4 人来公司访问。公司总会计师赵丽树在展示厅同客人交流。

1 月 31 日

△ 苏丹工业部部长萨米赫 · 萨迪格率苏丹代表团来公司访问。唐山市副市长曹全民陪同访问，公司副总经理姚力在展示厅向客人介绍公司总体发展情况。

1 月

△ 公司董事长、党委书记王兰玉，总经理田欣等深入 38 家二级单位、部室现场办公，听取 2015 年重点工作汇报。

△ 公司获政府援企稳岗现金补贴近 7000 万元。

△ 公司“薄板坯连铸连轧技术创新团队”获得河北省“巨人计划”创新创业团队称号。

△　公司党委对厂部级领导班子绩效考核以经营业绩、重点工作、班子建设为导向，围绕三方面工作进行全方位评价，提升领导班子逆境脱困的创造力、凝聚力和战斗力。

△　公司对作业长制推进工作首批试点单位（中厚板公司、不锈钢公司、热轧部、冷轧部高强度汽车板项目部）进行组织机构梳理，设置作业区及作业长岗位。

△　公司正式出台大客户经理制，初步成立14个大客户服务团队，构建"生产+销售+研发+质量"的组织模式，引导生产、技术、质量、销售人员走进市场一线，开发与产线相匹配的战略客户，为用户提供专业、快速、全方位一站式整体服务。

△　公司全面实行按单生产，促进了工艺控制和市场响应能力同步提升。

△　中厚板动力区高炉煤气放散装置改造完成，高炉煤气实现全部回收利用。

△　不锈钢公司高炉全面实现100%高硫焦冶炼，摆脱了用标准一级焦才能维护高炉稳定的状况。

2月

2月4日

△　公司董事长、党委书记王兰玉在会议中心会见普锐特冶金技术有限公司首席运营官赫尔。

△　唐山市副市长高瑞华慰问公司困难职工，公司党委副书记、纪委书记王春东陪同慰问。

2月5日

△　省国资委副主任王平看望慰问公司离休老领导，公司党委副书记、纪委书记王春东陪同慰问。

△　同业公司董事长张国来一行来公司访问。公司副总经理张洪波、姚力与客人座谈。

△　公司南区煤气管网改造工程完工，基本实现转炉煤气零拒收、高炉煤气零放散的目标，年可增加发电量600余万千瓦时。

△　公司与浦项合作LED照明灯具项目列入唐山市新兴产业异

军突起重点项目。

2月6日

△ 公司召开2014年度厂部级领导班子绩效考核述职大会。公司董事长、党委书记王兰玉，总经理田欣参加会议。

△ 安德里茨集团金属部全球总裁海因斯一行来公司访问。公司副总经理李一栋与客人座谈交流。

2月7日

△ 公司厂部级干部系列讲座首次课程开讲。公司董事长、党委书记王兰玉出席讲座。本次讲座正式拉开了“领导干部上讲堂”活动的序幕。

2月8日

△ 集团董事长、党委书记于勇慰问公司离退休老领导和先进模范，公司董事长、党委书记王兰玉，总经理田欣陪同慰问。

2月9日

△ 集团工会主席齐跃章走访慰问公司困难职工和先进模范，公司党委副书记、纪委书记王春东陪同慰问。

2月10日

△ 公司在离退部举行离退休职工春节团拜会，公司董事长、党委书记王兰玉，总经理田欣出席团拜会。

△ 公司自主开发的铁前调度监控系统正式投入使用，实现了炼铁南北区调度记事、主要设备生产参数监控、质量报表和生产异常报警等功能，为提升炼铁生产管理水平提供了支撑平台。

2月11日

△ 新华社党组成员、副社长周树春一行就“深入推进钢铁产业转型升级”来公司调研。唐山市委常委、宣传部长杨洁陪同调研。公司董事长、党委书记王兰玉与周树春一行座谈并陪同参观。

△ 公司董事长、党委书记王兰玉，总经理田欣等公司领导走访慰问离退休老领导。

△ 不锈钢公司1580毫米生产线158吨Cr合金化改进型SAPH440汽车结构用热轧钢带顺利下线。

2月12日

△ 公司召开各界人士座谈会。公司党委副书记、纪委书记王春东出席会议并讲话。来自民革、民进、民建、九三学社、农工、民盟等6个民主党派唐钢支部代表、公司部分无党派人士代表、市政协委员代表近30人参加了座谈会。

△ 公司在唐钢宾馆举行“卓越大客户销售技巧”培训讲座。

2月13日

△ 公司董事长、党委书记王兰玉在会议中心会见北控集团党委副书记、副董事长、总经理侯子波，北控集团党委副书记、副董事长、北京燃气集团党委书记周思。

△ 公司召开博士生座谈会。公司董事长、党委书记王兰玉等出席会议。

△ 唐山军分区参谋长庞保全一行来公司考察民兵武装工作。公司党委副书记、纪委书记王春东参加考察。

△ 公司召开大学生技术人员座谈会。公司副总经理张洪波出席会议并讲话。

2月14日

△ 公司高强度汽车板项目镀锌机组热试成功，标志着高强度汽车板项目全线竣工、全面进入试生产阶段。此项目于2014年4月动工，主要涉及退火炉、光整机、焊机、活套、锌锅、气刀等关键设备，总质量逾6800吨，投资约6.27亿元，设计年产量40万吨。SVAI公司、ANDRITZ公司、MIEBACH公司等提供技术集成和关键设备，中国二十二冶集团有限公司承建。

2月15日

△ 公司召开大客户经理工作推进会议。公司董事长、党委书记王兰玉出席会议并讲话。

△ 威立雅工业中国区总裁杜吉耀一行来公司访问。公司总经理田欣会见客人。

2月17日

△ 公司举行新春团拜会。公司董事长、党委书记王兰玉发表致辞，代表公司向全体职工及家属拜年。

△　公司将厂内汽车运输计划、运费及进厂车辆管理等职能由生产制造部物流科划归物流公司，全公司厂区内汽运业务实现集中管控。

2月18日

△　公司职工自主研发的“一种中薄板坯连铸生产IF钢的工艺”（专利号201310160304. X）获国家发明专利。

△　公司职工自主研发的“薄规格高延伸率热轧酸洗610L汽车大梁钢带的生产工艺”（专利号201310234511. 5）获国家发明专利。

2月19日

△　公司董事长、党委书记王兰玉，总经理田欣等公司领导看望慰问节期坚守在一线岗位上的干部职工。

2月22日

△　不锈钢公司1580毫米生产线191吨2. 0毫米薄规格S390XR热基镀锌用热轧高强钢成功下线。

2月23日

△　公司成功开发120毫米×120毫米×(8~12）毫米角钢，进一步拓展了角钢产品的品种系列。

2月24日

△　公司成功生产高强度结构级镀锌板390GD+Z。

2月25日

△　公司职工自主研发的“一种液化气瓶的加热装置”（专利号201420618106. 3）获国家实用新型专利。

2月26日

△　热轧部成功开发搪瓷用钢TTC340R。

2月27日

△　公司编制完成《非钢产业发展规划2015~2018》。

2月

△　公司开展“深化改革创新，加快转型升级，确保全年生产经营目标实现”专题宣传活动。

△　公司开展以“查违章、查隐患、查禁酒、查落实、查整改”

为主要内容的安全检查活动。

△ 公司成功使用 DD11 原料替代 S320X 生产 550 兆帕全冷硬镀锌产品，解决了原料生产组织及薄规格轧制困难、镀锌成品强度偏高的问题。

△ 中厚板公司炼钢、轧钢整体及辅助设备升级改造工程完成。

△ 公司建立营销后评价机制。对公司市场营销环境、目标、战略、组织、方法、程序和业务进行系统的、定期的检查，找出营销系统存在的问题，并提出解决措施和方案，持续提高公司营销执行力。

△ 公司医院检验科 PCR 实验室通过省级鉴定；妇科内镜、泌尿外科内镜、普外科内镜、消化内镜诊疗技术通过省级审批。

3 月

3 月 1 日

△ 国家开发银行河北省分行国合处处长任红梅一行来公司访问。公司总会计师赵丽树与客人座谈交流。

3 月 2 日

△ 型钢部首次成功开发低合金高强度 Q460C 大型角钢，并实现批量生产。

3 月 4 日

△ 中冶京诚工程技术有限公司董事长、党委书记施设来公司访问。公司董事长、党委书记王兰玉、总经理田欣会见客人。

△ 公司官方微信公众平台正式上线。

3 月 5 日

△ 泰国富亚集团公司 CEO 陈智慧一行来公司访问。公司董事长、党委书记王兰玉会见客人。

△ 由省发改委经济运行调节局副局长黄涛率队的省大气污染防治工作考核组一行来公司检查指导工作。公司副总经理武士勇陪同检查。

△ 常州宝菱重工机械有限公司副总经理许崇山一行 4 人来公司访问。公司副总经理武士勇与客人座谈交流。

3 月 6 日

△　光大证券首席风险官王勇一行来公司访问。公司副总经理姚力与客人座谈。

△　普锐特冶金技术（中国）有限公司高级副总裁施耐德和法国兴业银行（中国）有限公司董事、出口信贷部中国区总监赵桦一行 8 人来公司访问。公司总会计师赵丽树、副总经理张弛与客人座谈交流。

△　公司举行“全国五一巾帼标兵”授奖仪式，为获得中华全国总工会表彰的炼铁部烧结车间副主任顾桂萍颁奖。

3 月 11 日

△　国家工信部运行局副局长黄利斌一行来公司调研。公司总会计师赵丽树陪同调研。

3 月 12 日

△　太矿集团董事长张克斌一行来公司访问。公司董事长、党委书记王兰玉与客人座谈。

3 月 13 日

△　公司董事长、党委书记王兰玉会见来公司访问的青龙县县长王殿忠一行。

△　中北矿业有限公司总裁张文东一行来公司访问。公司董事长、党委书记王兰玉与客人座谈交流。

3 月 16 日

△　公司党委召开 2015 年党风廉政建设和反腐败工作会议。公司党委书记、董事长王兰玉发表重要讲话，总经理田欣主持会议，党委副书记、纪委书记王春东作工作报告。

△　不锈钢公司除尘系统改造工程开工。项目概算投资 7200 万元，由唐山钢铁国际工程技术有限公司设计，唐山市天鸿建筑安装工程有限公司承建。主要建设内容包括 132 平方米烧结精粉仓卸矿除尘，3~4 号高炉上料地坑除尘，1 ~ 4 号高炉炉前铁沟改造及除尘罩改造，1~4 号高炉煤气布袋除尘卸灰间改造等，转炉新增三次除尘、炼钢倒罐增设除尘、散装料卸料仓除尘、厂房封闭等。

△　清华大学副秘书长、河北清华研究院院长朱赤一行 6 人来公

司访问。公司副总经理李茂广与客人座谈。

3 月 18 日

△　新华社、经济日报社、中国劳动保障报社三家媒体记者就企业职工转岗、再就业等问题来公司调研。公司党委副书记、纪委书记王春东陪同调研。

△　中厚板公司 400 万吨改造工程 3 号板坯连铸机项目开工建设，由中冶京诚工程技术有限公司设计并供货，唐钢检修分公司负责土建施工。工程设计年生产能力 140 万吨，产品厚度规格为 180 毫米、220 毫米、250 毫米，宽度为 1500~2100 毫米，定尺长度为 2400~3500 毫米。

3 月 19 日

△　中共河北钢铁集团唐钢公司第十次代表大会隆重召开。出席大会的代表共 298 名，代表唐钢 1.4 万名党员。大会选举产生中共河北钢铁集团唐钢公司第十届委员会委员 21 名，选举产生中共河北钢铁集团唐钢公司第十届纪律检查委员会委员 9 名。公司党委书记、董事长王兰玉代表上一届党委作了题为《解放思想、深化改革、创新发展、转型升级，为建设最具竞争力钢铁企业而努力奋斗》的工作报告。

△　中共河北钢铁集团唐钢公司第十届委员会举行第一次全体会议，选举产生党委书记 1 名，副书记 3 名，常委 7 名。

△　中共河北钢铁集团唐钢公司第十届纪律检查委员会举行第一次全体会议，选举产生纪委书记 1 名，纪委副书记 1 名。

3 月 19~20 日

△　集团焦化系统对标交流会在公司召开。集团副总经理王新东、公司副总经理李茂广出席会议。

3 月 20 日

△　集团副总经理王新东就产线对标工作来公司调研。公司总经理田欣等陪同调研。

△　公司完成使用 180 毫米×180 毫米断面坯料轧制 120 方钢的试轧工作。

3 月 22 日

△　不锈钢公司成功开发 SPHE-TI 无间隙原子钢。

3 月 23 日

△　中投公司董事长丁学东一行来公司考察。河北省政府副秘书长杨国占，省国资委主任王昌，唐山市委书记焦彦龙，集团董事长于勇，公司董事长、党委书记王兰玉，公司总经理田欣等陪同考察。

△　公司制定下发《2015 年度推进企业管理现代化创新工作指导意见》，明确 2015 年企业管理现代化创新工作的总体思路，结合生产经营重点，组织 2015 年管理课题立项、开展重点项目培训和跟踪管理。

△　公司发布《大学生员工培养和使用暂行管理办法》，加快人才培养机制建设和完善，满足大学生员工成长成才需求和公司在转型发展、改革创新中对高端人才的需要。

3 月 24 日

△　省国资委主任、党委书记王昌到公司调研。集团董事长于勇，公司董事长、党委书记王兰玉，总经理田欣陪同调研。

△　德意志银行（中国）有限公司上海分行董事、总经理、资本市场企业部中国区主管徐前一行来公司访问。公司董事长、党委书记王兰玉，总经理田欣会见客人。

△　国家开发银行评审管理局审查三处游时西一行 5 人来公司调研。公司总会计师赵丽树与客人座谈。

△　公司 2015 年职工健康体检工作全面启动。

△　公司成功开发 200 毫米×200 毫米×12 毫米、200 毫米×200 毫米×30 毫米两种规格非标角钢产品。

3 月 25 日

△　北京科技大学校长张欣欣一行来公司访问。公司董事长、党委书记王兰玉在展示厅与客人座谈。

△　市工业和信息化局副局长李技一行来公司访问。公司副总经理姚力与客人座谈。

△　德高公司原料主管窦嘉文一行来公司访问。公司副总经理李茂广与客人座谈交流。

3 月 27 日

△　交通银行唐山分行副行长王卫东一行来公司访问。公司副总

经理姚力与客人座谈。

△　公司2015年春季绿化拉开帷幕。公司董事长、党委书记王兰玉，总经理田欣等公司领导及100余名干部职工参加植树活动。

△　公司编制下发《2015年重点攻关计划》，确定了产品升级结构调整、降低工艺辅料消耗件费用、降低设备备件辅料采购资金、降低物流成本、降低能源成本、钢材出口、优化劳动力资源、节约资金降低费用8项攻关计划。

3月30日

△　公司北区中水改造工程完工，市政中水替代部分陡河水作为生产水源，年可节约水费500余万元。

△　不锈钢公司轧制TR590C和DP780C高强汽车用钢获得成功。

△　长材部生产的首批450吨智利标准ϕ25毫米螺纹钢新品在棒材生产线下线，产品出口南美。此单涉及六种规格5010吨。

3月31日

△　国家环保部部长陈吉宁一行来公司调研。河北省副省长秦博勇，唐山市委书记焦彦龙，公司董事长、党委书记王兰玉等陪同调研。

△　公司董事长、党委书记王兰玉在会议中心会见普锐特冶金技术有限公司（奥地利）首席运营官兰舒兹。

△　中厚板公司转炉自动炼钢改造工程获批立项。项目概算投资6287.54万元，由唐山钢铁国际工程技术有限公司设计，主体设备由中冶南方工程技术有限公司总包建设，河北钢铁建设集团有限责任公司施工，中冶南方工程技术有限公司供货。项目建设内容主要是为3座转炉增加副枪系统及配套设施。

3月

△　气体公司医用氧顺利通过药品GMP认证，该单位成为河北省钢铁企业中首家通过新版医用氧认证的生产单位。

△　公司开展2015年道德讲堂活动，选取有代表性的“十佳”职工，宣传其爱岗敬业、创新求变等先进事迹，引导职工学习先进，提高自身素养。

△ 公司首次发布营销后评价报告。

△ 中厚板公司110吨欧标S235SR含铬钢首次出口比利时，时隔七年再次叩开欧洲市场大门。

△ 中厚板公司签订3960吨沈阳二环线高架桥建设桥梁钢直供合同。

△ 公司办公费用管控平台上线运行。该平台严格遵循唐钢办公用品费用管控制度，从各单位办公用品申领、费用归口管理部门审批、财务经营部审批、供应商备货、发货实现了全流程网上审批控制，堵塞了管理漏洞，提高了工作效率。

△ 长材部转炉一次除尘湿法改干法除尘项目，实现4台除尘器不停产备用切换，且切换速度由原来的1小时减少到15分钟，改善了生产安全性，提高了转炉作业率，为转炉留渣操作提供了保证。

△ 公司物流系统与京唐港物流公司开展“量价互保”外矿疏港运输合作，消除固有的货代独揽外矿运输的弊端，大幅降低京唐港外矿运价30%。

4月

4月1日

△ 集团副总经理孔平来公司调研。公司董事长、党委书记王兰玉参加座谈。

△ 公司职工自主研发的“一种翻转辊道减速机的装置”（专利号201310110040.7）获国家发明专利。

△ 公司职工自主研发的“一种稳定烧结配加污泥装置及方法”（专利号201310295330.3）获国家发明专利。

4月7日

△ 公司首次成功生产HC420LA汽车用钢。

△ 唐银公司成品材日产突破万吨，达到10120吨。

4月8日

△ 公司董事长、党委书记王兰玉在会议中心会见来访的土耳其Isdemir钢铁公司副总经理萨弗克一行。

△　公司制定实施《管理评审控制程序》，成立管理评审委员会和管理评审工作小组，初步形成管理评审控制机制。

4 月 9 日

△　进出口银行总行转贷部副总经理张英一行 3 人来公司访问。公司总会计师赵丽树与客人座谈交流。

△　冷轧部一冷轧区酸轧机组日产量达到 7931 吨，刷新自投产以来日产最高纪录。

4 月 10 日

△　公司党委 2015 年工作会议在会议中心召开。公司党委书记、董事长王兰玉强调，要紧密结合公司生产经营和改革发展任务，抓班子、带队伍，抓党建、促经营，不断增强企业党组织的凝聚力和战斗力，奋力开创公司党委工作新局面，为公司胜利完成 2015 年生产经营任务作出更大贡献。公司总经理田欣主持会议。

4 月 13 日

△　公司召开 2014 年度总结表彰暨 2015 年挖潜增效推进大会。公司董事长、党委书记王兰玉强调，要以更大的勇气、更大的智慧，坚决完成 2015 年生产经营任务，奋力开创新常态下公司转型发展的新局面，为加快建设最具竞争力钢铁企业作出新的更大的贡献。公司总经理田欣主持会议。大会宣布了《关于表彰 2014 年度先进单位和先进个人的决定》《2014 年度挖潜增效奖励决定》《2015 年挖潜增效奖励办法》。大会对 13 个先进单位、5 个先进部室、51 个先进集体、36 名劳动模范和 343 名先进生产（工作）者进行了命名表彰。

△　中国钢研科技集团有限公司董事长才让来公司访问。公司董事长、党委书记王兰玉等在会议中心与客人座谈。

△　浦项 ICT 常务朴汉九一行来公司访问。公司副总经理姚力、武士勇与客人座谈。

△　乌克兰顿巴斯工业联盟首席财务官波塔波夫一行 5 人来公司访问。公司副总经理李一栋向客人介绍了公司总体情况。

4 月 14 日

△　匈牙利驻华大使馆商务参赞、商务处处长高博・赛盖伊来公

司访问。公司副总经理李一栋与客人座谈。

△　省国资委监察专员王士英一行来公司调研。公司党委副书记、纪委书记王春东介绍公司情况。

△　山东钢铁集团日照有限公司党委副书记、副总经理王继超一行 8 人来公司访问。公司副总经理李茂广与客人座谈。

△　公司轧制 40U 新品种获得成功。

△　公司生产的 15CrMo 合金钢由研发阶段转入市场应用阶段，填补了河北省中厚板企业生产合金钢的空白。

4 月 15 日

△　公司职工自主研发的“一种薄板坯连铸生产低铝硅镇静碳素结构钢的工艺”（专利号 201310233146. 6）获国家发明专利。

4 月 16 日

△　公司董事长、党委书记王兰玉在展示厅会见了中国工商银行总行网络融资处总经理陈诗礼一行。

4 月 17 日

△　国家环保部科技标准司副司长王开宇来公司调研。公司副总经理武士勇简要介绍了公司能源环保工作开展情况。

△　承钢公司副总经理郭晋宏一行 4 人来公司访问。公司副总经理姚力与客人座谈交流。

4 月 18 日

△　中东欧国家使节和外交官来公司访问。公司副总经理武士勇在展示厅与客人交流。

4 月 20 日

△　中厚板公司通过英标（BSI）管理体系认证有限公司质量管理体系年度监督审核。

4 月 22 日

△　公司成功轧制 150 毫米×150 毫米×15 毫米长定尺角钢，将角钢定尺范围由原有的 6~12 米拓宽至 6~15 米。

△　公司召开 2014 年度企业管理现代化创新成果评审会，评选出公司企业管理现代化创新成果一等奖 22 项、二等奖 47 项、三等奖 135 项。

4月23日

△　国家商务部合作司副司长姜文斌来公司调研。公司副总经理李一栋与客人座谈。

4月24日

△　公司董事长、党委书记王兰玉在会议中心会见来访的德高公司副总裁米奇里尼一行。

4月27日

△　公司党委中心组召开专题学习会议，集中学习中央在县处级以上领导干部中开展“三严三实”专题教育的部署，深入学习了集团董事长于勇在集团“解读POSCO战略”专题学习报告会议上的重要讲话精神。公司党委书记、董事长王兰玉主持会议，总经理田欣及其他在家公司领导参加了学习。

△　公司董事长、党委书记王兰玉在会议中心会见惠普全球副总裁、中国惠普企业服务集团总经理谢少毅一行。

4月28日

△　公司全员绩效管理推进会在会议中心召开。公司董事长、党委书记王兰玉强调，强力推进全员绩效管理，痛下决心改变自我，管理部门迅速上位，各单位一把手亲自参与，持续改进创新，全力提升企业综合竞争力。公司总经理田欣等出席会议。

4月29日

△　公司董事长、党委书记王兰玉，总经理田欣接见赴北京接受表彰归来的全国劳动模范、“中国梦·劳动美”最美职工郑久强。

4月30日

△　公司首次发布年度管理评审报告。

△　公司开发生产属国内独创的Q470B 40U矿用支撑钢获得成功。

4月

△　公司成功开发ϕ50毫米直条热轧带肋钢筋，进一步扩大了棒材螺纹钢筋生产规格范围。

△　公司党委制定下发《关于加强基层服务型党组织建设的实施意见》，全面推进服务型基层党组织建设。

△ 公司党委围绕钢铁市场形势、品牌建设、实施作业长制、郑久强事迹等内容，组织开展“我与唐钢共命运”巡回宣讲活动。

△ 按照市文明办要求，公司党委组织各基层党组织选拔优秀人物事迹，开展2015年“善行河北——网评河北雷锋”活动。

△ 公司加快推进角钢产品用户开发，角钢合同月订单量突破1.4万吨。

△ 中厚板公司首次生产Q345qE桥梁钢，探伤合格率达到100%，综合合格率97.57%，达到国内行业E级钢合格率先进水平。

5月

5月1日

△ 集团董事长于勇到公司高强汽车板生产线调研指导工作。集团副总经理王新东，公司董事长、党委书记王兰玉，总经理田欣等陪同调研。

5月4日

△ 公司召开作业长制推进调度会。公司董事长、党委书记王兰玉强调，扎实推进作业长制改造，确保公司各项管理落地生根。

△ 公司召开纪念五四运动96周年暨共青团工作会议。公司董事长、党委书记王兰玉出席会议。

5月5日

△ 平安证券河北分公司总经理张旭东一行来公司访问。公司副总经理姚力与客人座谈交流。

△ 公司制定《专业专家及以下技管人员退出现职离岗休养管理办法补充规定》。

5月7日

△ 太原重型机械集团有限公司副董事长、总经理张志德一行来公司访问。公司董事长、党委书记王兰玉会见客人。

△ 公司董事长、党委书记王兰玉会见来访的CMI金属业务总裁法布里斯。

△ 恒生银行总行行政副总监区伟权一行4人来公司访问。公司总会计师赵丽树与客人座谈。

5 月 8 日

△　公司召开规章制度管理体系建设与运行推进会。公司董事长、党委书记王兰玉强调，健全完善管理体系，为生产经营提供强大支撑。公司总经理田欣等领导出席会议。

△　公司工会组织召开董事长、总经理联络员座谈会。公司董事长、党委书记王兰玉，总经理田欣出席会议。来自公司各单位、各岗位的 37 名经理联络员参加座谈。

5 月 9 日

△　公司在俱乐部举行学习郑久强同志先进事迹报告会。公司董事长、党委书记王兰玉作重要讲话，总经理田欣主持报告会。会议要求，大力弘扬劳模精神，汇聚起建设最具竞争力钢铁企业的强大力量。

△　公司党政联合发文作出《关于向全国劳动模范、全国最美职工郑久强同志学习的决定》。

5 月 11 日

△　宁波钢铁有限公司总经理殳黎平一行来公司访问。公司总经理田欣与客人座谈。

5 月 13 日

△　珠海格力公司采购部总监陆素萍一行来公司访问。公司副总经理李茂广与客人座谈。

△　公司研发的 245 毫米×120 毫米电解槽电极用热轧扁钢一次轧制成功。

5 月 14 日

△　圣佑精密制管（天津）有限公司董事长金英基一行来公司访问。公司董事长、党委书记王兰玉会见客人。

△　烨辉（中国）科技材料有限公司董事长吴林茂一行来公司访问。公司董事长、党委书记王兰玉会见客人。

△　包头钢铁（集团）有限责任公司总会计师白玉檀一行来公司访问。公司总会计师赵丽树与客人座谈。

△　公司 2015 年职工献血活动圆满结束，1000 余名在岗职工参加了此次献血活动。

5月15日

△　公司2015年度职工休养工作正式启动。

△　唐钢浦项新型光源有限公司研制出四面发光、长寿命，可倒置安装的36瓦球泡灯。

5月18日

△　中国出口信用保险公司董事长王毅一行来公司考察。集团总经理彭兆丰，公司董事长、党委书记王兰玉等陪同考察，并在展示厅与客人座谈。

△　集团总经理彭兆丰到公司高强汽车板生产线调研。公司董事长、党委书记王兰玉陪同调研。

△　公司女职工体检工作全面启动。

5月18~19日

△　集团副总经理迟桂友来公司调研。公司副总经理姚力、张弛陪同调研。

5月19日

△　国务院发展研究中心副主任刘世锦率调研组来公司调研。公司副总经理姚力陪同调研。

△　渤海钢铁集团党委常委、副总经理许克亮一行来公司对标。公司副总经理李茂广与客人座谈交流。

△　公司启动第二期作业长系列培训，270余名职工参加。

5月20日

△　公司职工自主研发的“一种可以避免划伤皮带的皮带托辊”（专利号201310016599.3）获国家发明专利。

△　公司职工自主研发的“新型机车温度系统多功能检测仪”（专利号201520015466.9）获国家实用新型专利。

5月21日

△　公司制定下发《关于加强管理体系建设的安排意见》，要求建设一套完善、科学、可持续改进的管理体系，为公司生产经营提供有效支撑和服务。

△　公司发布实施《博士生员工培养和使用暂行管理办法》，完善高端人才培养机制，满足公司技术创新和高端人才成长成才的需求。

5月23日

△ 国家、河北省和秦皇岛市发改委一行10人来青龙炉料公司稽查脱硫项目国家奖励资金落实情况。

△ 公司第三轮厂部级干部专题系列讲座在会议中心举行。公司副总经理李茂广出席。

5月24日

△ 公司2014年度干部考核大会在会议中心召开，由集团党委常委、工会主席齐跃章任组长的考评组对公司领导班子成员进行考核。公司厂部级干部、部分职工代表参加会议。

5月25日

△ 公司煤气管线与二环线两处交汇点改造工程开工建设，项目概算投资1016.28万元，由河北省安装工程有限公司承建。建设内容包括煤气管道改线长度456米，管道埋地敷设，过路部分加保护套管等。

5月25~26日

△ 公司郑久强同志先进事迹报告团先后在本部、中厚板公司和不锈钢公司举行专场报告会，引起热烈反响。

5月27日

△ 钢铁研究总院名誉院长、中国工程院院士殷瑞钰来公司作学术报告。集团副总经理王新东出席，公司总经理田欣主持报告会。

△ 浦项（中国）投资有限公司副总经理严基千一行来公司访问。公司副总经理姚力与客人座谈。

△ 公司职工自主研发的“一种超薄规格板带碎浪缺陷的平整方法”（专利号201310568547.7）获国家发明专利。

5月28日

△ 钢铁研究总院名誉院长、中国工程院院士殷瑞钰到不锈钢公司调研。

△ 河北省清洁生产专家评审团一行5人来青龙炉料公司对除尘脱硫等环保设备进行清洁生产污染防治对标现场检查。

5月28~29日

△ 集团炼钢系统对标交流会在公司召开。集团副总经理王新

东，公司副总经理李茂广、张洪波出席会议。

5月29日

△ 公司2015年幼儿运动会在龙华幼儿园举行。来自公司张西、龙华、税钢和77号幼儿园的400多名幼儿参加。

5月

△ 公司成功冶炼Q345B高铝钢。

△ 公司为客户定制生产无取向电工钢10502吨，实现大批量稳产。

△ 不锈钢公司成功冶炼浇铸DP980C高强汽车用钢。

△ 不锈钢公司实现RH浅处理工艺批量生产，完成SPHC-S等镀锡基板试验用钢3万吨。

△ 公司生产09CrCuSb耐硫酸腐蚀用钢1358吨，实现了该品种钢的批量稳定生产。

△ 唐银公司成功开发生产HRB400E ϕ8、10毫米抗震盘螺。

△ 集团批准新事业公司进行新三板挂牌。

△ 唐银公司2号棒材生产线工程竣工投产，实际生产能力达80万吨/年。

△ 中厚板公司炼钢、轧钢系统环保改造工程开工建设。项目概算投资9390.59万元，由唐山钢铁国际工程技术有限公司设计，北京利德衡环保工程有限公司、泊头环保设备厂、北方风机厂负责供货，河北省安装工程公司负责安装。项目主要建设内容为炼钢系统1~3号转炉、1号连铸机、1~2号精炼炉环保改造，轧钢系统一线、二线环保改造。

△ 公司物流系统相继开通京唐港、曹妃甸港至本部和不锈钢公司，本部至不锈钢公司、中厚板公司等多条“重去重回”运输业务，有效整合区域资源。

6月

6月1日

△ 中国钢铁工业协会副会长屈秀丽一行来公司调研。公司董事长、党委书记王兰玉等陪同调研。

△ 公司开展“安全生产月”活动。公司董事长、党委书记王兰玉，总经理田欣发表《致广大职工及家属的一封信》。

△ 公司党委举行“三严三实”专题教育党课。公司董事长、党委书记王兰玉以《争做“三严三实”好干部 开创唐钢改革发展新局面》为题讲专题党课。公司总经理田欣主持专题党课。

△ 公司党委制定下发《关于在厂部级以上干部中开展“三严三实”专题教育的安排意见》，对专题党课、学习研讨、召开民主生活会等环节进行了安排部署，“三严三实”专题教育全面展开。

△ 上海荆汉贸易有限公司 CEO 李靖伟一行 7 人来公司访问。公司副总经理李茂广与客人座谈。

△ 公司炼铁部北区 2 号、3 号高炉矿槽除尘风机节能改造项目开始施工。项目概算投资 1450 万元，主要建设内容包括对 2 号、3 号高炉矿槽除尘风机进行高压变频改造，重新铺设高低压电缆，高压配电室建设，配备 8 台 10P 空调，配置高压配电室内相关设施及设备。

△ 公司自主开发的门禁考勤系统正式投入使用。

6 月 2 日

△ 奥克斯中央空调国内营销公司总经理叶胜峰一行来公司访问。公司副总经理李茂广与客人座谈。

6 月 4 日

△ 省国资委副巡视员李光一行来公司高强度汽车板项目调研。公司副总经理张弛陪同调研。

△ 中厚板公司通过法国 BV 船级社船用钢板（产品）生产许可证换证审核。

6 月 8 日

△ 公司 2015 年青年集体婚礼庆典仪式在体育中心举行。公司董事长、党委书记王兰玉，总经理田欣等出席。

△ 由冶金工业规划研究院院长助理张龙强任总负责人的“河北钢铁集团‘十三五’战略规划暨绿色发展行动计划”联合调研组来公司调研。公司副总经理武士勇、张弛与调研组人员座谈。

6月9日

△　公司成功开发110毫米×110毫米×(7~14）毫米角钢，进一步拓展了角钢产品的品种系列。

6月10日

△　市国资委调研组来公司调研。公司党委副书记、纪委书记王春东与调研组进行交流。

6月11日

△　公司董事长、党委书记王兰玉在展示厅会见天津一建建筑有限公司董事长、党委书记程英明一行。

△　公司本部工序计量设备改造工程全面结束并上线运行，对公司提升成本控制能力具有重要意义。

6月12日

△　公司“职工创新大讲堂”活动首讲在会议中心开讲。公司党委书记、董事长王兰玉出席讲座，强调要全力推进职工岗位创新，为公司发展打造强力支撑。

6月13日

△　公司第四轮厂部级干部专题系列讲座在会议中心举行。公司副总经理武士勇出席讲座。

6月14日

△　唐山市委副书记、代市长丁绣峰到公司高强度汽车板项目和创元方大公司调研。市政府特邀咨询辛志纯，市政府秘书长王正英，公司董事长、党委书记王兰玉等陪同调研。

△　南非PMC公司总经理韩精华一行来公司访问。公司副总经理李一栋与客人座谈。

△　公司成功开发SS540BT低合金高强热轧钢带。

6月15日

△　集团副总经理王新东就“三严三实”专题教育来公司蹲点调研，并以《践行“三严三实”新标准 营造干事创业浓厚氛围》为题，为公司党员干部上了一堂“三严三实”专题教育党课。公司党委书记、董事长王兰玉主持党课。

△　公司制定下发《管理文件控制程序》，对管理文件从起草、

审签、颁布、修改、作废、评审进行有效控制。原《规章制度管理办法》废止。

△　不锈钢公司烧结系统扩建改造工程开工建设。项目概算投资4.37亿元，由唐山钢铁国际工程技术有限公司设计，河北省安装工程公司承建。项目主要建设内容是拆除竖炉及3号、4号高炉上料系统，新建1台265平方米烧结机、烟气脱硫系统等相关配套公辅系统。该项目主要为适应环保要求，淘汰落后产能而建，为不锈钢公司的后续发展提供坚实基础。

6月16日

△　邯钢副总经理魏广民一行4人来公司访问。公司副总经理张洪波与客人座谈。

6月17日

△　公司职工自主研发的“辊子联轴器拆卸装置”（专利号201520027045.8）获国家实用新型专利。

△　公司职工自主研发的“一种杯突试验零点测量模具”（专利号201520113168.3）获国家实用新型专利。

△　公司职工自主研发的“棒材生产线料筐移送装置”（专利号201520026931.9）获国家实用新型专利。

△　公司职工自主研发的“氧枪维修过程中使用的加热除冰装置”（专利号201520027297.0）获国家实用新型专利。

△　公司职工自主研发的“一种连铸结晶器测氢取样装置”（专利号201520137196.9）获国家实用新型专利。

6月18日

△　省国有重点骨干企业监事会主席高永深一行来公司调研。公司董事长、党委书记王兰玉等参加座谈。

6月19日

△　公司第二期作业长系列培训圆满结束。

6月23~24日

△　集团总经理彭兆丰率队到公司调研指导工作。公司董事长、党委书记王兰玉，总经理田欣等参加汇报会。

6 月 24 日

△ 公司党委召开“三严三实”专题教育第二次联系会议，公司党委书记、董事长王兰玉主持会议。

△ 沧州市委副书记、市长王大虎率领沧州市考察团来公司调研。唐山市委常委、副市长刘建立，公司副总经理武士勇陪同调研。

6 月 24~27 日

△ 保卫部对公司 20 家单位的 370 名驾驶员进行交通安全培训。

6 月 25 日

△ 不锈钢公司水处理系统改造工程开工建设。项目概算投资 1157 万元，由唐山钢铁国际工程技术有限公司设计，唐山天鸿建筑安装工程有限公司承建。主要内容是对不锈钢二期软水系统进行改造及建设配套设施。

△ 公司 2014~2015 年度实习生培养工作圆满结束。

6 月 29 日

△ 公司党委组织领导班子成员开展“三严三实”专题教育学习，重点学习《党章》相关内容。公司党委书记、董事长王兰玉主持学习，公司总经理田欣和其他在家公司领导参加了专题学习。

△ 公司举行新《安全生产法》及企业财产保险知识培训讲座。来自公司各单位的安全工作主管领导、安全科长、安全管理人员，以及财产保险管理人员 150 余人参加了培训。

6 月 30 日

△ 公司党委在会议中心召开迎庆建党 94 周年暨总结表彰大会。公司党委书记、董事长王兰玉强调，公司各级党组织、广大党员干部，要鼓足勇气、咬紧牙关，振奋精神、坚定信心，开拓进取、扎实工作，团结带领广大职工，推动企业不断实现历史性进步和跨越式发展。公司总经理田欣主持大会，党委副书记、纪委书记王春东宣布表彰决定。公司党委授予 13 个单位党委“先进基层党组织”称号、18 个单位“党风廉政建设先进单位”称号、16 个单位“宣传思想工作先进单位”称号、44 个基层党支部“先进党支部”称号；授予 119 名同志“优秀共产党员”称号；授予 41 名同志“优秀党务工作者”称号、30 名同志“廉洁自律先进个人”称号、32 名同志“宣传思想

工作先进个人”称号。

△ 公司董事长、党委书记王兰玉在会议中心会见来访的中地海外公司矿业开发总监连长云一行。

6 月

△ 冷轧部酸轧机组最高班产量、最高日产量、最高月产量以及半年产量分别达到 3041 吨、7931 吨、17.8 万吨和 97.1 万吨，均创历史最好水平。

△ 动力部完成第四批水泵节电改造项目，年可节电 394.6 万千瓦时。

△ 唐银公司成功开发 HPB300 ϕ6.5、8、10 毫米普线。

△ 高强汽车板技术改造项目库区天车定位及智能操控系统工程在高强度汽车板项目包括原料库、成品库、轧后库 16 部天车投入使用。此工程于 2014 年 7 月 30 日获批立项，概算投资 6633.71 万元。

7 月

7 月 1 日

△ 公司董事长、党委书记王兰玉在会议中心会见英格索兰公司中国区总经理张子豪一行。

△ 公司职工自主研发的“一种高线吐丝机前夹送辊导卫装置快速中卡尺”（专利号 201520140358.4）获国家实用新型专利。

△ 热轧部信息自动化改造项目全面上线运行。项目概算投资 4389 万元，主要建设内容对热轧部一、二级系统改造，包括铁水预处理一、二级系统改造；转炉一级系统改造；LF 精炼炉一、二级系统改造；1810 毫米生产线加热炉一、二级系统改造；1700 毫米生产线、1810 毫米生产线轧机一、二级系统改造；1 号、2 号平整一、二级系统改造；磨辊间管理系统改造；成品库天车定位系统。

7 月 1~2 日

△ 国家发改委顾问、中国国际工程咨询公司专家委员会顾问石启荣一行来公司调研。公司董事长、党委书记王兰玉，总经理田欣及其他在家公司领导参加座谈。

7 月 2 日

△ 比利时 GANTRY 集团公司董事、总经理马丁来公司访问。公司副总经理武士勇与客人座谈。

△ 公司第七届董事会第六十八次会议审议通过将唐钢集团生活服务有限责任公司的名称变更为唐钢集团城市服务有限责任公司。

7 月 3 日

△ 中国工程院院士、东北大学教授王国栋一行来公司访问。公司副总经理张洪波与客人座谈。

7 月 6 日

△ 新事业公司包装厂改扩建项目获批立项。项目概算投资 1931.55 万元，由唐山钢铁国际工程技术有限公司设计，唐山现代建筑安装工程有限公司施工。项目建设内容新增厂房总面积 2772 平方米，包括长 84 米、跨距 18 米和长 60 米、跨距 21 米厂房各一跨；新增端护板生产线 1 条，纸护角生产线 1 条等。

7 月 8 日

△ 湖北省随州市副市长王志勇一行来公司访问。公司董事长、党委书记王兰玉会见客人。

△ 中信产业基金总裁田宇一行来公司访问。公司董事长、党委书记王兰玉会见客人。

△ 中钢设备有限公司副总经理贾建平一行来公司访问。公司董事长、党委书记王兰玉会见客人。

△ 唐山钢铁国际工程技术有限公司职工自主研发的“一种除尘灰加湿机喷淋箱”（专利号 201520112836.0）获国家实用新型专利。

△ 唐山钢铁国际工程技术有限公司职工自主研发的“一种气力输灰大灰仓进灰口组件”（专利号 201520113221.X）获国家实用新型专利。

△ 唐山钢铁国际工程技术有限公司职工自主研发的“一种钢铁厂余热蒸汽发电装置”（专利号 201520113222.4）获国家实用新型专利。

△ 公司职工自主研发的“一种热镀锌锅的捞锌装置”（专利号

201520112828.6）获国家实用新型专利。

7 月 9 日

△　公司董事长、党委书记王兰玉在会议中心会见前来访问的纳尔科公司全球副总裁、水处理事业部中国区总经理杜博闻。

7 月 12 日

△　市委副书记、代市长丁绣峰，市政府特邀咨询辛志纯到公司调研。公司董事长、党委书记王兰玉，总经理田欣等陪同调研。

7 月 13 日

△　公司董事长、党委书记王兰玉，总经理田欣深入生产一线为职工“送清凉”，勉励大家保持昂扬斗志，直面市场挑战，做市场竞争的强者。

7 月 14 日

△　平安银行能源矿产金融事业部总裁樊位洲一行来公司访问。公司总会计师赵丽树在展示厅向客人介绍了公司总体情况。

△　物流公司北成品库区铁路装车发货创出单班 60 车 3178.77 吨的新高，刷新了 52 车/班的历史最高纪录。

7 月 15 日

△　2015“活力中国·走进美丽工厂”媒体采访团走进公司，全面了解公司绿色制造、转型发展的情况。公司党委副书记、纪委书记王春东陪同采访并座谈。

△　公司团委以“提速桥”炼钢交流 QQ 为平台，开展炼钢专业专项技术对标交流活动。邀请首席操作技能专家郑久强在线进行技术指导。

7 月 16 日

△　南非普马兰加省经济发展和环保旅游事务部部长图拉尼一行来公司访问。公司副总经理武士勇与客人座谈。

7 月 17 日

△　上合新能源投资管理（北京）有限公司董事长王缜一行来公司访问。公司副总经理姚力向客人介绍了公司非钢产业结构布局和未来发展方向。

△　生活服务公司城市智慧服务平台获批立项。项目概算投资

600 万元，由中国惠普有限公司设计承建。项目主要建设内容是以智慧生活线上店铺和线下实体店有机融合（O2O）部分为切入点，建设职工及社区居民服务平台。

7 月 19 日

△ 公司完成对高强汽车板公司增资 17 亿元，增资后，高强汽车板公司注册资本由 5000 万元增加到 17.5 亿元。

△ 公司职工自主研发的“一种钢包上水口快速在线拆卸装置”（201520159759.4）获国家实用新型专利。

7 月 20 日

△ 公司召开专题会议贯彻落实集团经营工作会议精神。公司董事长、党委书记王兰玉强调，要统一思想、步调一致、持之以恒，以强大的定力和恒心把集团部署的工作做实做透做到位，确保集团下达目标实现，继续当好改革发展的排头兵。

△ 运营改善部与董事会办公室合署办公，一个机构两块牌子；撤销计控管理部，将运营改善部自动化管理、信息化运维职能与原计控管理部职能整合，成立信息自动化部。

7 月 21 日

△ 韩国浦项技术企划室副部长孙龙文一行来公司访问。公司副总经理李茂广与客人座谈交流。

△ 国家发改委国际合作中心总监吴琼一行来公司调研。公司总会计师赵丽树、副总经理武士勇介绍了公司近年的发展变化及未来规划。

△ 公司召开能源管理体系认证启动会。公司副总经理武士勇出席会议。

7 月 22 日

△ 公司董事长、党委书记王兰玉在展示厅会见尼日利亚驻华大使欧纳迪皮和 Rahvet International 公司董事长瓦赫姆一行。中国投资协会副秘书长谷林，公司总会计师赵丽树参加会见。

△ 河北省地方税务局局长贾红星来公司调研。公司董事长、党委书记王兰玉等陪同调研。

△ 公司职工自主研发的“一种料仓振动给料器的料量控制器”（专利号 201520153912.2）获国家实用新型专利。

△ 公司职工自主研发的“一种炉顶上、下密封阀阀板定位防脱装置”（专利号201520154084.4）获国家实用新型专利。

△ 公司职工自主研发的“一种LF-VD专用捞渣盘”（专利号201520140363.5）获国家实用新型专利。

△ 公司职工自主研发的“一种干熄焦装入装置的自润滑除尘压辊”（专利号201520155476.2）获国家实用新型专利。

△ 公司职工自主研发的“一种测量轧机牌坊中心面的测量工具”（专利号201520195572.X）获国家实用新型专利。

△ 公司职工自主研发的“端面研磨装置”（专利号201520139013.7）获国家实用新型专利。

△ 公司职工自主研发的“一种热轧加热炉炉内板坯位置检测装置”（专利号201520150792.0）获国家实用新型专利。

△ 公司职工自主研发的“回转窑冷却器放大料门关闭装置”（专利号201520117775.7）获国家实用新型专利。

7月23日

△ 唐山市外商投资企业和私营企业工会主席曾庆有代表市总工会，到公司生产一线为职工“送清凉”。

7月24日

△ 中厚板公司提升产品结构改造工程开工建设。项目概算投资1.93亿元，主体由中冶京诚工程技术有限公司设计，其余由唐山钢铁国际工程技术有限公司设计，河北钢铁建设集团有限责任公司、东北大学施工安装，东北大学、太原重工股份有限公司负责供货。建设内容包括：超快冷改造项目、增上预热矫直机、冷矫直机、压平机、增上即时温度控制项目、配套厂房延长、配套公辅设施、消防设施建设。此项目于2015年3月31日获批立项。

△ 中厚板公司轧钢项目3500毫米粗轧机、主电机设备开工建设，由中冶京诚工程技术有限公司负责设计，二重集团（德阳）重型装备股份有限公司负责供货，河北钢铁建设集团有限责任公司负责安装。

7月25日

△ 公司第五轮厂部级干部专题系列讲座在会议中心举行，公司

副总经理张洪波主持讲座。

7 月 27 日

△　公司领导班子开展“三严三实”专题教育学习。公司董事长、党委书记王兰玉，总经理田欣及其他在家公司领导参加学习。

7 月 28 日

△　公司董事长、党委书记王兰玉赴北戴河看望慰问公司劳动模范和生产骨干代表。王兰玉强调，越是困难时期，越要坚定信心，越要看到自身优势，群策群力，共渡难关，围绕提升效率和加快发展抓好公司各项重点工作，打造公司全新竞争力。

7 月 29 日

△　公司在推行作业长管理制度试点单位成立作业长研修会二级分会，以此为基础成立唐钢作业长研修会。

△　公司职工自主研发的“一种便于点检的轧机减速机轴承盖”（专利号 201520195515. 1）获国家实用新型专利。

△　公司职工自主研发的“一种精轧机出口过渡导板”（专利号 201520198460. X）获国家实用新型专利。

△　公司职工自主研发的“一种用于轧辊磨床的轧辊托瓦”（专利号 201520186916. 0）获国家实用新型专利。

△　公司职工自主研发的“一种精轧机入口侧导板的导向轮装置”（专利号 201520198461. 4）获国家实用新型专利。

△　公司职工自主研发的“智能函数波形发生器”（专利号 201520153911. 8）获国家实用新型专利。

7 月 30 日

△　公司党委召开 2015 年年中工作总结部署会议。公司党委书记、董事长王兰玉强调，公司下半年生产经营和改革创新的任务非常艰巨，党委系统要进一步振奋精神，按照公司党代会确定的“七个坚持、七个提升”的总体目标和“对标、融入、创新、提升”的党建工作要求，扎实做好公司党的各项工作，不断提升工作水平，为公司生产经营和改革发展提供有力政治、思想和组织保障。

7 月 31 日

△　公司 2015 年大学生新员工欢迎会在教育中心举行。公司董

事长、党委书记王兰玉寄语大学生新员工，珍惜岗位，扎根基层，努力追求卓越，快速成长成才，肩负起公司改革发展重任，为打造基业长青的百年唐钢而奋斗。

7 月

△ 公司党委下发《“三严三实”专题教育学习研讨安排意见》，安排部署党委中心组三个阶段的学习研究。

△ 公司领导班子成员深入各联系点开展“三严三实”专题教育蹲点调研。

△ 公司全面实现 10～16 号角钢品种的系列化生产。

△ 公司党委研究决定，成立型钢部党委。

△ 公司召开唐钢大学筹建工作第一次协调会，正式启动企业大学建设工作。

△ 在中华全国总工会主办的第十届“海峡两岸职工创新成果展”上，由公司职工郑久强、李艳龙等人完成的“转炉双渣工艺的研究与推广”项目获本届展览会金奖。这是公司第二个获此金奖的创新成果，同时也是唐山市唯一获金奖项目、河北省钢铁行业唯一参展项目。

△ 公司成立物联宝优化项目部，对系统进行全面优化升级，包括系统架构、界面风格、模块业务流程等方面。

△ 唐银公司南北原料堆场封闭改造工程开工建设，概算投资 3500 万元。设备厂家、设计方均为唐山日新环保设备有限公司，承建方为河北冶建五公司。

△ 公司与中信集团旗下的北京弘慈医疗投资管理有限公司召开对唐钢医院合资合作启动会，成立联合工作组，开展医疗项目合资合作工作。

△ 公司职工住房公积金企业缴存比例由 10%调整到 12%。

8 月

8 月 1 日

△ 唐山市重点环保项目不锈钢公司料场改造工程启动建设。项目概算投资 4.04 亿元，由唐山钢铁国际工程技术有限公司设计，河

北钢铁建设集团有限责任公司承建。项目主要内容是与265平方米烧结机配套建设封闭式原料场，建设焦炭及高炉含铁料贮仓系统，建设干煤棚。项目采用封闭式的料场、干煤棚、筒仓、料槽及封闭除尘运输系统。

8月3日

△　威立雅工业中国区总裁杜吉耀一行4人来公司访问。公司副总经理姚力与客人座谈。

△　中厚板公司434吨SS400-CR热轧合金钢板出口尼日利亚，这是该公司产品首次打入非洲市场。

8月4日

△　公司董事长、党委书记王兰玉到北戴河唐钢休养院，看望慰问在此休养的公司科技骨干。王兰玉强调，广大科技工作者要主动担负起研发、传承和服务的重任，为公司打造核心竞争力贡献更大力量。

△　公司正式下发《专家管理制度改革方案》和《关于推进专家制度改革工作的实施意见》，启动专家改革工作。旨在建立一支由100名行业知名的技管专家和100名技术领先的操作专家组成的“双百”专家高端人才队伍。

8月5日

△　国家开发银行评审二局副局长沈良军一行来公司调研。公司总会计师赵丽树介绍了公司近年来的发展等情况。

△　唐山市副市长杨宝林一行到唐山钢铁国际工程技术有限公司调研。公司副总经理姚力参加座谈。

△　公司职工自主研发的“料流调节阀编码器保温装置”（专利号201520267984.X）获国家实用新型专利。

△　唐山钢铁国际工程技术有限公司职工自主研发的“一种石灰竖窑斜桥顶部除尘密封装置”（专利号201520229816.1）获国家实用新型专利。

△　公司职工自主研发的“液压缸内置式位移传感器保护装置”（专利号201520195625.8）获国家实用新型专利。

△　公司职工自主研发的“一种耐海水腐蚀钢10CrMoAl的低温

回火方法”（专利号 201410025749.1）获国家发明专利。

8 月 6 日

△ 北京矿冶研究总院院长、北矿磁材科技股份有限公司董事长蒋开喜一行来公司访问。公司董事长、党委书记王兰玉在展示厅会见客人。

8 月 8 日

△ 唐钢医院名誉院长授予仪式暨关注甲状腺疾病微波消融技术学术沙龙在唐钢宾馆举行。公司副总经理姚力出席活动。

8 月 9 日

△ 河北省委书记赵克志到公司调研。

8 月 10 日

△ 公司长材部首次使用 180 毫米断面、5.9 米长尺铸坯轧制 100 毫米方钢获得成功。

8 月 11 日

△ 公司党委副书记、纪委书记王春东到北戴河唐钢休养院看望慰问公司优秀班组长。

8 月 12 日

△ 省人社厅副厅长张兵一行来公司调研。公司董事长、党委书记王兰玉在展示厅与客人座谈交流。

△ 公司董事长、党委书记王兰玉在会议中心会见德国 SPAETER 集团总经理齐普斯一行。

△ 公司董事长、党委书记王兰玉会见德高公司副总裁米奇里尼。

△ 唐山钢铁国际工程技术有限公司职工自主研发的“一种石灰竖窑斜桥底部料车除尘装置”（专利号 201520229925.3）获国家实用新型专利。

8 月 13 日

△ 公司召开巡视整改工作安排部署会。公司董事长、党委书记王兰玉强调，要提高认识，迅速行动，确保按期高质量完成整改任务，把整改落实变为公司进一步加强和规范管理的机遇，把整改成果体现到规范企业行为、改善干部形象、推动企业发展上，促进企业经

营管理再上新水平。公司总经理田欣主持会议。公司党委副书记、纪委书记王春东传达《集团党委关于省委第十一巡视组专项巡视反馈意见整改落实工作方案》，并宣布公司《整改工作领导和工作机构》，对整改落实工作进行了详细部署。

△ 炼铁部北区二次料场封闭改造工程开工建设。项目概算投资2908.44万元，由陕西建工机械施工集团有限公司设计并承包建设。主要建设内容是对二次料场封闭、泥浆池及泵站异地重建。此改造工程于2015年6月16日获批立项。

8月14日

△ 罕王集团有限公司董事局主席杨敏一行4人来公司访问。公司总会计师赵丽树与客人座谈。

8月15日

△ 公司召开安全生产专题会议，传达省、市政府加强安全生产工作文件精神，部署开展危险化学品和重点部位专项隐患排查整改行动。公司董事长、党委书记王兰玉作重要讲话，总经理田欣提出工作要求，副总经理李茂广主持会议。

8月17日

△ 省国资委党委委员、副主任王金洲率入企帮扶工作组一行4人来公司调研。公司董事长、党委书记王兰玉就相关情况进行了汇报。公司总经理田欣等参加座谈。

△ 型钢部4号机质量提升改造工程获批立项。项目概算投资3106.88万元，由唐山钢铁国际工程技术有限公司设计，唐钢检修分公司施工。

△ 河北省总工会基层组织建设部副部长黄京利一行，就“模范职工之家”创建活动来公司检查工作。公司党委副书记、纪委书记王春东与检查组进行了交流。

△ 永钢集团常务副总经理、党总支书记吴慧芳一行12人来公司访问。公司副总经理李茂广与客人座谈。

8月18日

△ 公司董事长、党委书记王兰玉等公司领导走访慰问公司困难职工家庭，送上助学金，缓解困难职工家庭子女上学的经济压力。

△ 中厚板公司3号板坯连铸机热试成功。项目建成后板坯产量增至420万吨/年。

8月19日

△ 常州宝菱重工机械有限公司总经理朱国敏一行来公司访问。公司董事长、党委书记王兰玉等与客人座谈。

△ 中厚板公司信息自动化一体化改造项目正式启动。项目概算投资1.07亿元，具体内容包括工厂数据库系统、炼钢动态排程MSCC系统、铁前MES、质量过程控制SPC系统的建设，能源计量网、化验室系统、钢后MES及ERP系统的升级改造，以及高炉、烧结、精炼、型钢等产线40多个自动化系统的新建或改造。此项目于2015年4月2日获批立项。

8月20日

△ 集团副总经理王新东一行就“十三五”规划来公司调研。公司董事长、党委书记王兰玉作了专题介绍，公司总经理田欣等出席座谈会。

△ 伊斯拉集团副总裁、伊斯拉百视科技股份有限公司总裁汉斯一行3人来公司访问。公司副总经理武士勇与客人座谈。

△ 公司成功开发并批量生产180毫米Q420C方钢。

8月23日

△ 公司党委召开领导班子专题民主生活会。公司党委书记、董事长王兰玉主持会议。

8月24日

△ 公司领导班子组织专题学习，集中观看了《筑梦中国》第一集《坚如磐石》。《筑梦中国》是学习型党组织建设的重要内容，也是党员干部“三严三实”专题教育学习内容。

8月25日

△ 公司获2015年（第二十二届）河北省企业管理现代化创新成果奖38项，其中一等奖14项、二等奖16项、三等奖8项。

△ 公司成立“互联网+”项目建设指挥部，正式启动云计算、物联宝、智慧物流、城市智慧服务4个“互联网+”项目建设。

△ 集团石钢党委副书记、纪委书记范宝恕一行来公司参观。公

司党委副书记、纪委书记王春东陪同参观。

△ 库博公司总裁诺曼一行来公司访问。公司副总经理李茂广介绍了公司生产经营情况。

8月26日

△ 公司970吨美标ϕ9.5毫米螺纹钢筋在长材部下线出口美洲，标志着公司已具备美标螺纹钢筋ϕ9.5~32.3毫米共8种规格全系列生产能力。

8月27日

△ 公司召开2015年焦点课题中期发布会。公司董事长、党委书记王兰玉强调，努力营造全员改善创新氛围，助推公司各项管理落地生根。会议宣布了2015年上半年公司级优秀焦点课题评选结果，炼铁部、热轧部、中厚板公司等七个单位的代表作焦点课题发布。

△ 公司召开企业大学建设工作启动会。公司董事长、党委书记王兰玉强调，企业大学要发挥五个功能，服务企业发展建设，为公司转型升级提供智力和人才保障。企业大学筹建工作相关单位主要负责人参加会议。

8月31日

△ 不锈钢公司除尘系统改造工程竣工。项目改造完成后，减少了扬尘，适应了国家新环保标准。

△ 物流公司智慧物流云平台方案获批立项。项目概算投资2350万元，由中国惠普有限公司设计承建。此项目经市路北区发展改革局批准备案。

△ 唐银公司2×90平方米烧结机烟气脱硫项目竣工。项目概算投资1380万元，设备厂家、设计方与承建方为唐山日新环保设备有限公司。项目主要建设内容是购置安装烟气收集系统、脱硫塔、制浆系统等。此项目于2013年5月开工建设。

8月

△ 公司高强度汽车板项目首批镀锌产品交付海尔集团。

△ 在集团第六届“河北钢铁杯”职业技能大赛6个工种的比赛中，公司职工夺得天车工、物理检验工、计算机程序员3个第一

名，6 人进入前三名，14 人受到大赛表彰，总成绩在集团保持领先。

△ 唐银公司成功开发 HRB400Cr 出口盘螺。

△ 哈斯科公司钢渣深度提铁示范工程二期项目竣工。该项目于 2014 年 4 月开工建设。

△ 物联宝平台优化工程开工建设。由中国惠普有限公司研发设计，投入总体咨询和软件开发费用 800 万元，形成采购交易信息整合、物流仓储管理、供应链资源整合以及供应链金融服务的一体化解决方案。此工程于 2015 年 7 月 17 日获批立项。

△ 中厚板公司炼铁系统工程 3 号高炉，即炼铁部北区 1 号高炉易地改造工程开工建设。此工程于 2014 年 9 月 25 日立项。

△ 公司纪委下发《关于落实省委巡视组反馈意见整改工作的安排意见》通知，要求牵头部室和责任单位对照巡视组反馈意见，积极进行整改。

△ 公司与工业和信息化部电信研究院合作，启动“两化融合”贯标工作，以此推进信息化与工业化深度融合，规范企业的基础管理和运作方式，使企业建立更加科学的管理体系和快速反应的经营机制。

△ 型钢部产量达到 47274 吨，吨钢成本 2094 元，吨钢加工费 279 元，吨钢综合燃耗实现 638 立方米/吨，成材率达 95.48%，均创历史最好水平。

9 月

9 月 1 日

△ 公司董事长、党委书记王兰玉会见来公司参观访问的澳大利亚一钢怀阿拉钢厂总经理藤嗣一行。

△ 公司高强度汽车板信息自动化建设项目全面上线运行，提升了热轧产品生产的现代化管理水平，为公司从根本上实现产品升级和结构调整提供了保障。

9 月 1~10 日

△ 保卫部联合安全部、钢城分局成立检查组，按照“全覆

盖、零容忍、重实效”的原则，对公司重点要害部位开展专项检查活动。

9月2日

△ 省国资委纪委书记武力斌一行来公司调研。公司党委副书记、纪委书记王春东陪同调研。

△ 公司职工自主研发的“一种大直径薄壁不锈钢波纹管的组对和焊接方法”（专利号201310146458.3）获国家发明专利。

△ 公司职工自主研发的“一种液力传动内燃机车恒速控制装置”（专利号201520310118.4）获国家实用新型专利。

△ 公司职工自主研发的“一种高速线材接卷系统摆动液压缸控制装置”（专利号201520304688.2）获国家实用新型专利。

△ 公司职工自主研发的“同时更换双切剪上剪刃和下剪刃的辅助装置”（专利号201520323016.6）获国家实用新型专利。

△ 公司职工自主研发的“烧结混合机内除尘污泥浆雾化配加装置”（专利号201520267876.2）获国家实用新型专利。

△ 公司职工自主研发的“阀门调节定位装置”（专利号201520268022.6）获国家实用新型专利。

△ 公司职工自主研发的“用于高炉开口机的凿岩机底座”（专利号201520267794.8）获国家实用新型专利。

△ 公司职工自主研发的“防止筛板缝漏料的振动筛筛板”获国家实用新型专利。

9月3日

△ 中厚板公司3号LF精炼炉开工建设，预计2016年3月5日投产。项目由鞍山创新实业有限公司进行设计和设备安装，河北省安装工程有限公司负责土建施工。项目建成后精炼能力增至420万吨/年。

9月7日

△ 公司董事长、党委书记王兰玉在会议中心会见了惠普全球副总裁、中国惠普企业服务集团总经理谢少毅一行。

△ 公司9篇论文被河北省企业联合会评为“2015年河北省企业管理与改革优秀论文（调研报告）”，其中一等奖4篇、二等奖5篇。

△　公司启动编制《非钢产业“十三五”发展规划》。

9月8日

△　德高公司总裁马修德·摩根一行来公司访问。公司董事长、党委书记王兰玉在会议中心与客人座谈交流。

△　高强度汽车板改造项目二期工程正式启动，概算投资14.75亿元。其建设内容为新建2条连续热镀锌机组、1条重卷检查机组、1条半自动包装机组及相关配套的主厂房等配套设施。计划年产量65万吨。此项目于2015年1月29日经省发展和改革委员会批准，以冀发改产业备字〔2015〕2号文件备案。

9月9日

△　公司首次为世界顶级焊接材料制造商日本神钢焊业本部“量身定制”EH14LCT埋弧焊丝新品种，实现了公司金属制品深加工用长材首次出口日本，标志着公司长材品牌的影响力和竞争力又有了新的提升。

△　公司职工自主研发的“一种焦炉煤气制备液化天然气的余热利用装置”（专利号201520326718.X）获国家实用新型专利。

△　公司职工自主研发的“一种静电除尘器细灰输送系统”（专利号201520281514.9）获国家实用新型专利。

△　公司职工自主研发的“一种转炉煤气自动切换点火装置”（专利号201520286363.6）获国家实用新型专利。

△　公司职工自主研发的“更换张力辊专用的带钢吊具”（专利号201520359359.8）获国家实用新型专利。

△　公司职工自主研发的“一种焦炉煤气制液化天然气过程中二氧化碳脱除装置”（专利号201520326787.0）获国家实用新型专利。

△　中厚板公司通过中国船级社CCS船用钢板生产许可证换证审核。

△　公司成为“中国创新设计产业战略联盟”副理事长单位。

9月10日

△　公司董事长、党委书记王兰玉在会议中心会见前来访问的普锐特冶金技术（中国）有限公司副总裁施耐德。

△　大连重工·起重集团有限公司董事长、党委书记宋甲晶一行来公司访问。公司董事长、党委书记王兰玉会见客人。

△　中冶焦耐工程技术有限公司总经理杨忠义一行来公司访问。公司董事长、党委书记王兰玉会见客人。

9月11日

△　中厚板公司烧结机环保升级改造项目获批立项，同月开工建设。项目概算投资3640.13万元，由唐山钢铁国际工程技术有限公司总体设计，机头除尘由河北汉尧环保科技有限公司负责供货、安装，机尾除尘由泊头环保公司负责制造、安装。项目主要建设内容是对1～2号210平方米烧结机机头除尘系统、机尾除尘系统改造。

△　热轧部为期15天的联合大修工作圆满完成。

9月14日

△　省总工会巡视员郭东海一行就劳动关系状况来公司调研。公司党委副书记、纪委书记王春东陪同调研。

△　中钢协法律分会会长刘新权一行就法律工作开展情况来公司调研。公司党委副书记、纪委书记王春东汇报了相关工作。

△　公司召开第二批赴德高学习人员回国欢迎会。公司董事长、党委书记王兰玉强调，用更高的标准要求自己，迎接新的挑战，肩负新的使命，为企业发展贡献力量。

9月15日

△　唐钢就业指导管理中心改造工程开工建设。项目概算投资1928.58万元，由唐山钢铁国际工程技术有限公司设计，唐山市天鸿建筑安装工程有限公司、唐山市远大建筑安装工程有限公司承建。

9月16日

△　公司在会议中心举行《“互联网+”带来的机遇与挑战》专题讲座。公司董事长、党委书记王兰玉，总经理田欣及其他在家公司领导出席讲座。

△　工信部原材料司钢铁处处长徐文立一行来公司调研。公司总会计师赵丽树陪同调研。

△　澳大利亚国民银行全球矿业资源部总监布莱德一行来公司访问。公司总会计师赵丽树与客人座谈。

9 月 17 日

△　德高中国首席运营官魏广民、瑞士德高副总裁米奇里尼一行来公司交流工作。公司副总经理李茂广与客人座谈交流。

△　公司轧制 300 毫米×30 毫米、300 毫米×32 毫米、300 毫米×35 毫米三个规格的角钢获得成功。

9 月 18 日

△　国家质检总局副局长吴清海一行就节能减排工作来公司调研。省质监局副巡视员刘江潇，市委副书记、代市长丁绣峰，副市长曹全民，公司总经理田欣等陪同调研。

△　沙钢董事局常务执行董事、总裁龚盛率队来公司对标交流。公司总经理田欣在会议中心与客人座谈。

△　公司召开角钢产品推介会。公司副总经理李茂广出席会议。

△　不锈钢公司通过 CE 认证现场审核，保持了欧盟建筑产品认证注册资格。

9 月 19 日

△　公司第七期厂部级干部系列讲座在会议中心举行。公司党委副书记、纪委书记王春东，副总经理姚力，总会计师赵丽树出席讲座。

△　不锈钢公司成功冶炼浇铸 14 炉 1398.9 吨 IF 系列 DD11E 汽车钢，并实现两个浇次的 7 连浇生产。

9 月 20 日

△　公司第二十九届职工技术比赛理论考试在唐山科技职业技术学院举行。

9 月 21 日

△　公司董事长、党委书记王兰玉在会议中心会见宣工公司董事长常战芳一行。

△　公司领导班子成员专题学习省委中心组学习会精神。公司党委书记、董事长王兰玉主持学习，总经理田欣，公司其他领导班子成

员参加学习。

△ 公司编制下发《自动化专业管理办法》《自动化专业管理办法实施细则》，填补了公司自动化专业管理的制度空白。

9月22日

△ 公司获中国钢铁工业协会2015年冶金企业管理现代化创新成果奖7项，其中二等奖1项、三等奖6项。

9月23日

△ 公司董事长、党委书记王兰玉在会议中心会见前来访问的中信银行石家庄分行行长奚国光一行。

△ 集团安全生产工作会议在公司召开。公司副总经理李茂广参加会议。

9月24日

△ 公司召开2015年人力资源系统工作会议。公司董事长、党委书记王兰玉，总经理田欣出席会议。王兰玉强调，要正视公司人力资源现状，转变观念，提升认识，明确目标，充分挖掘自身潜力，建立起一流的人力资源管理体系，进一步提高人力资源管理水平。

△ 华菱节能环保公司董事长肖江平一行来公司访问。公司副总经理姚力与客人座谈。

△ 公司2015年职工暑期北戴河休养工作圆满结束。

9月25日

△ 公司首次生产的500吨70JL硬线钢新品在长材部高线车间成功下线。

9月26日

△ 公司首卷1000兆帕级镀锌超高强汽车板成功下线，这是河北省首次生产出该类级别的镀锌双相钢产品。

9月28日

△ 塞尔维亚共和国财政部国务秘书内纳德·米亚伊洛维奇一行来公司访问。集团副董事长李贵阳，公司董事长、党委书记王兰玉在会议中心与客人座谈。

9 月 29 日

△ 公司召开“把纪律和规矩挺在前面”试点工作启动会。公司党委副书记、纪委书记王春东部署工作。

9 月 30 日

△ 公司董事长、党委书记王兰玉在会议中心会见威立雅工业中国区总裁杜吉耀一行。

△ 公司召开安全生产专业会议。公司总经理田欣强调，要高度重视安全生产工作，增强安全和“一岗双责”意识，加大安全检查和培训工作力度，进一步提高公司安全基础管理水平。

△ 在纪念抗日战争胜利 70 周年河北省企业、行业界员工第十二届书法、美术、摄影大型展览中，公司获组织奖。

△ 公司取得泰国进口螺纹钢认证证书。

9 月

△ 按照国家质检总局、发改委、工信部、国资委等 39 部委和部门联合印发的《关于开展 2015 年全国“质量月”活动的通知》要求，公司全面开展“质量月”活动。

△ 公司下发《薪酬分配制度改革方案》以及相配套的六个制度文件（征求意见稿），全面启动薪酬分配制度改革。

△ 公司药芯焊丝钢产量达 4332 吨，创近两年来单月生产量最高纪录。

△ 公司工会开展“心系未来，爱满钢城”金秋助学活动，将 17.71 万元助学金发放到 75 名困难职工子女手中，把企业的关心关爱送进了职工家庭。

△ 公司被河钢集团纪委确定为开展“把纪律和规矩挺在前面”试点工作的试点单位。

△ 公司生产所需的电极、增碳剂、铝系列、铜系列等物料，在河钢集团内部组织实施联采招标，采购价格大幅降低。

△ 公司成功开发 H08MnMoA 高强埋弧焊丝钢。

10 月

10 月 8 日

△ 不锈钢公司煤气管道改造工程开工建设。项目概算投资

1485.44 万元，由唐山钢铁国际工程技术有限公司设计，河北省安装工程有限公司、河北建设集团有限公司承建。主要建设内容包括沿二期高炉煤气管线新建一条高炉煤气管道；3 号、4 号高炉 TRT 煤气出口加装脱氯净化装置等。

10 月 9 日

△ 公司董事长、党委书记王兰玉在会议中心会见泰国富亚集团 CEO 陈智慧一行。

△ PSI 公司总裁斯文 · 布什一行来公司访问。公司副总经理武士勇与客人座谈交流。

10 月 10 日

△ 公司第八期厂部级干部专题系列讲座在会议中心举行。

△ 公司矿用支撑钢样品成功出口德国。

10 月 12 日

△ 公司第七届董事会第七十八次会议审议通过自动化公司、新事业公司的股权调整事项。股权划转完成后，自动化公司股权结构为河钢唐钢持股 99.5%，微尔机电公司持股 0.5%；新事业公司股权结构为河钢唐钢持股 99.5%，华奥公司持股 0.5%。

10 月 12~16 日

△ 世界钢铁行业知名专家、德国弗莱贝格钢铁研究院院长皮尤特 · 席勒教授应邀前来公司讲学交流。

10 月 13 日

△ 公司董事长、党委书记王兰玉在会议中心会见德高公司首席执行官马修德 · 摩根一行。公司总经理田欣等参加会见。

△ 德高公司碳钢部总监费德里克 · 米奇里尼一行来公司访问。公司副总经理李茂广与客人座谈。

△ 公司首次生产的 150 吨 DC51D+Z 空调用钢在高强汽车板项目连退生产线成功下线。

10 月 14 日

△ 公司董事长、党委书记王兰玉，总经理田欣在会议中心接见赴北京接受表彰归来的第五届全国道德模范、热轧部职工郑久强。

△　公司董事长、党委书记王兰玉会见集团采购总公司总经理、党委书记王耀彬一行。公司总经理田欣参加会见。

△　省国资委副主任王平一行来公司调研。公司总经理田欣汇报了公司安全生产工作。

10 月 14~15 日

△　由河钢集团主办、公司承办的全国大型钢铁企业第 32 届工会主席联席会议在公司会议中心召开。会议围绕“在中央党的群团工作会议精神指导下，如何充分运用‘互联网+’，以改革创新的精神做好钢铁行业工会工作”和“在钢铁行业面临严峻形势下以及全行业转型升级过程中，企业劳动关系的现状及可能出现的问题预判”两个主题展开讨论。全国 15 个钢铁集团 40 多家企业的工会主席、副主席、办公室主任 75 人及公司各二级单位工会主席等 60 余人参加会议。

10 月 15 日

△　公司董事长、党委书记王兰玉在展示厅会见哈斯科金属副总裁杰夫·瑞斯贝克一行。

△　省工信厅副厅长刘永亭一行就企业生产经营工作来公司调研。公司总会计师赵丽树陪同调研。

△　炼铁南区高炉冲渣水余热利用项目开工建设。项目概算投资 8072. 07 万元，由唐山博格曼科技开发有限公司筹资建设及运营，唐山钢铁国际工程技术有限公司负责设计。此项目于 2015 年 8 月 2 日获批立项，主要是充分利用南区高炉冲渣水余热，用于市政供暖。

△　公司出台《大学生员工成长“三星计划”实施方案》，建立优秀大学生员工快速成长机制，加速高素质、高潜质人才成长，为唐钢储备高级管理、技术和操作人才后备力量。

10 月 16 日

△　省委常委、市委书记焦彦龙在市委会议室接见全国道德模范、公司热轧部职工郑久强。公司董事长、党委书记王兰玉，总经理田欣参加座谈。

10 月 19 日

△ 集团国际物流公司副总经理唐光明一行来公司访问。公司副总经理姚力与客人座谈交流。

10 月 20 日

△ 公司制定下发《证照管理办法》，规范公司各类证照的管理，明确证照使用原则、使用程序，规范证照资料的保管。

△ 共青团唐山市委组织召开“唐山市各界青年学习郑久强同志先进事迹”报告会，全国道德模范、公司首席操作技能专家郑久强应邀出席报告会并作报告。

10 月 21 日

△ 公司董事长、党委书记王兰玉到唐山国家高新技术产业开发区调研。

△ 省国资委纪委副书记刘义杰一行来公司调研。公司党委副书记、纪委书记王春东参加调研。

△ 中厚板公司通过英国劳氏有限公司（LRQA）CPR 和 BC1 产品年度监督审核。

△ 公司职工自主研发的“转炉除尘设备公用切换系统”（专利号 201520285224. 1）获国家实用新型专利。

△ 公司职工自主研发的“一种用于转炉水冷炉口的配管”（专利号 20152038103. X）获国家实用新型专利。

△ 公司职工自主研发的“一种液压伺服系统中伺服阀检测装置”（专利号 201520454049. 4）获国家实用新型专利。

△ 公司职工自主研发的“一种直流系统接地选线装置”（专利号 201520457567. 1）获国家实用新型专利。

△ 唐山钢铁国际工程技术有限公司职工自主研发的“重力差料位计”（专利号 201520465371. 7）获国家实用新型专利。

10 月 22 日

△ 公司董事长、党委书记王兰玉在会议中心会见乐亭县委书记王东群一行。

△ 济南黄台煤气炉有限公司总工程师、副总经理孙玉娟一行来公司访问。公司副总经理姚力与客人座谈交流。

△ 瑞典空气污染防控代表团来公司访问。公司副总经理武士勇与客人交流。

△ 公司组建客户服务中心，提升大客户经理制推进效果，以保障各项推进制度实施和落地。

△ 公司出口英国的450兆帕结构级镀锌板S450GD+Z在冷轧部3号镀锌线成功下线，公司高端镀锌产品家族再添新丁。

10月23日

△ 上海华冶钢材加工有限公司总裁高峰一行来公司访问。公司董事长、党委书记王兰玉会见客人。

10月25日

△ 公司云计算中心项目开工建设。项目概算投资1.82亿元，由唐山钢铁国际工程技术有限公司和惠普有限公司联合设计，唐山市远大建筑安装工程有限公司承建。

10月26日

△ 公司党委中心组专题学习中共中央印发的《中国共产党廉洁自律准则》《中国共产党纪律处分条例》。公司党委书记、董事长王兰玉主持学习，总经理田欣及其他在家领导班子成员参加学习。

△ 上海荆汉公司董事长李靖伟来公司访问。公司副总经理李茂广与客人座谈。

△ 公司“高炉熔渣直接成纤生产保温制品”项目建设联合指挥部成立大会在会议中心召开。华北理工大学副校长梁英华，公司副总经理姚力等出席会议。

△ 公司党委转发中共唐山市委下发的《关于开展向郑久强同志学习活动的决定》，要求广大干部职工结合当前严峻形势，深入学习久强精神，争做久强式职工，与企业共渡难关。

△ 公司第七届董事会第七十九次会议审议通过与北京弘慈医疗投资管理有限公司，合资设立唐山弘慈医院有限公司的事项。弘慈医院注册地址为唐山市路北区荣华道15号，注册资本35918.86万元，其中：公司以非货币出资17600.24万元，持股比例49%；北京弘慈医疗投资管理有限公司以货币出资18318.62万元，持股

比例51%。

△　新事业公司调质高炉渣成纤及建筑保温板生产线获批立项。项目概算投资5799万元，由唐山钢铁国际工程技术有限公司设计，新事业公司承建。主要内容是新建1套调质剂烘干系统、2座调质电弧炉、1座电熔窑、1套离心成纤系统、1套集棉系统、1条矿渣棉板生产线和1条粒状棉生产线，同时配套相应的公辅设施。该项目位于乐亭经济开发区中厚板材有限公司院内，年可生产2万吨矿渣棉制品。

10月27日

△　不锈钢公司首次轧制加严版S500MCSS高强汽车钢获得成功，产品出口德国。

10月28日

△　公司党委书记、董事长王兰玉出席物流公司第七次党员代表大会并作讲话。

10月29日

△　公司总经理田欣出席炼铁部第六次党员代表大会并作讲话。

△　公司在贾家山训练场举行“唐钢军事化管理成果汇报演练”。唐山军分区司令员吴小潭、副参谋长李晓江，公司党委书记、董事长王兰玉等共同观看了汇报演练。

10月30日

△　日照钢铁有限公司副总经理谢国海一行来公司访问。公司副总经理张洪波与客人座谈。

△　公司党委在会议中心召开“解放思想、抢抓机遇、奋发作为、协同发展”大讨论动员会。公司党委书记、董事长王兰玉强调，要深入贯彻落实省国资委党委和河钢党委安排部署，深入开展“解放思想、抢抓机遇、奋发作为、协同发展”大讨论，奋力推动各项工作，努力开创公司改革发展新局面。总经理田欣主持会议。

△　根据河钢集团有限公司〔2015〕5号文件《关于集团更名并统一规范集团名称标识的通知》要求，河北钢铁集团唐钢公司更名为河钢集团唐钢公司、河钢唐钢。

10 月

△ 冷轧部酸洗机组成功生产 HP295 酸洗焊瓶钢，标志着该机组具备了批量生产此钢种的能力，为公司进一步打开焊瓶钢市场奠定坚实基础。

△ 公司出台《重点要害部位防范管理办法》，填补了公司对重点要害部位、危险化学品、放射源点治安防范管理制度的空白，为公司重点要害部位治安防范管理工作提供了有力依据。

△ 中厚板公司铁水预处理、RH 炉设备恢复建设开工。项目概算投资 6406.58 万元，由上海国冶工程技术有限公司设计、制造、供货 RH 炉，中冶京诚工程技术有限公司设计、制造、供货铁水预处理设备，河北钢铁建设集团有限责任公司和河北省安装工程有限公司负责现场施工。

△ 公司发布实施第九版《质量管理体系程序》第二次修订文件。

△ 公司举办第 29 届职工技术比赛，5200 名职工参加了 132 场次的比赛，15 人获“技术状元”称号，57 人获“优秀技术能手”和“技术能手”称号。

△ 商贸公司“运营管控平台建设”启动，标志着公司营销系统大数据时代拉开序幕，营销工作将在传统市场向“互联网+”新业态市场转变过程中，成为行业先锋。

△ 公司成功开发海尔特种钢板研制开发有限公司为战略合作用户，并实现月供货 4000 吨。

11 月

11 月 1 日

△ 炼铁部北区 1~3 号烧结机尾等 11 台除尘器改造工程开工建设。项目概算投资 4777.35 万元，由唐钢国际工程技术有限公司设计，北京利德衡环保工程有限公司、泊头环保机械有限公司、泊头市宁泊滤材环保公司承建。此工程于 2015 年 7 月 28 日获批立项。

11 月 4 日

△ 公司董事长、党委书记王兰玉在会议中心会见法兴银行亚太

区金属及矿业融资部董事、总经理叶耀东一行。

△ 公司董事长、党委书记王兰玉在会议中心会见富海集团董事长赵立志一行。

△ 公司召开安全生产专业会议，贯彻落实省、市安监局《关于进一步加强冶金企业外委施工单位以及检修作业安全管理的通知》精神，推进安全生产“一岗双责”和安全生产主体责任的落实。公司总经理田欣出席会议并讲话。

△ 公司召开强化外委单位安全管理工作会议，贯彻落实省、市安监局《关于进一步加强冶金企业外委施工单位以及检修作业安全管理的通知》精神。公司副总经理李茂广、张弛出席会议。

△ 拉美使节代表团来公司访问。公司总会计师赵丽树在展示厅与客人交流。

△ 公司职工自主研发的“一种高压电机启动装置”（专利号201520530196.5）获国家实用新型专利。

11月5日

△ 公司顺利通过由中启计量体系认证中心河北分中心进行的测量管理体系认证复审，继续保持测量体系AAA认证资质。

11月6日

△ 公司在会议中心召开2015年作业长制推进工作总结表彰暨2016年全面推进启动大会。公司董事长、党委书记王兰玉出席大会并讲话，总经理田欣主持大会。会议确定了2016年作业长制全面铺开的工作思路。

11月8日

△ 公司在会议中心举行清华、北大人才引进欢迎会。公司副总经理张洪波出席会议。

11月9日

△ 公司召开2015年ISO/TS 16949质量管理体系监督审核首次会议。公司副总经理李茂广出席会议。

△ 型钢部召开第一次党员代表大会。公司党委副书记、纪委书记王春东出席会议并讲话。

△ 本钢集团公司副总经理、总工程师许家彦来公司访问。公司

副总经理姚力与客人座谈。

△ 不锈钢公司与江苏某用户签订1000吨深冲用钢合同，成功敲开华东深冲钢市场大门。

11月10日

△ 公司董事长、党委书记王兰玉在会议中心会见前来访问的中国银行（泰国）股份有限公司行长张雷一行。

△ 河北省冶金行业安全生产“百日攻坚”行动推进会在公司召开。集团副总经理王新东，公司总经理田欣等出席会议。

△ 冷轧部酸洗机组首次成功生产121.19吨S500MC高强度冷成型热轧酸洗汽车结构带钢，标志着公司具备了又一牌号汽车用钢的批量生产能力。

11月11日

△ 河北省安监局副局长程文科一行来公司调研。公司总经理田欣陪同调研。

△ 新疆建设兵团二师安全生产管理人才培训班学员一行39人，在省、市安监局有关负责人的陪同下来公司调研。公司副总经理李茂广出席座谈。

△ 公司职工自主研发的“一种防止螺栓剪切和延长使用寿命的烧结机密封滑道”（专利号201520376975.4）获国家实用新型专利。

△ 公司职工自主研发的“一种实现应用层系统与基础自动化高效实时交互的方法”（专利号201310238708.6）获国家发明专利。

11月12日

△ 公司董事长、党委书记王兰玉会见前来访问的中冠资讯股份有限公司副总经理马镇贤一行。

11月13日

△ 公司在会议中心召开2016年生产和品种计划会。公司董事长、党委书记王兰玉强调，要直面市场，攻坚克难，生产、销售协调联动，面向高端市场，开发高端用户，确保完成明年生产经营计划，提升企业竞争力。公司总经理田欣等出席会议。

△ 公司在会议中心召开2015年ISO/TS 16949质量管理体系监

督审核末次会议，标志着公司质量管理体系监督审核工作顺利结束。公司副总经理李茂广出席会议。

△　公司通过英国标准协会（BSI）管理体系认证公司“ISO/TS 16949质量管理体系”监督审核。

11月15日

△　公司获得国家电网10246吨30号大规格角钢订单，成为国家电网公司30号大规格角钢的独家供货商。

△　中厚板公司2号连铸机改造、增加重压下工艺及配套设施工程开工建设。项目概算投资5027.82万元，由中冶京诚工程技术有限公司、唐山钢铁国际工程技术有限公司设计，唐山市天鸿建筑安装工程有限公司、唐钢检修分公司、河北钢铁建设集团有限责任公司承建。项目建设内容主要包括：钢水接受跨向南延长48米、加料跨和钢水接受跨天车滑线改造，2号板坯连铸机改造增加重压下工艺等。此工程作为中厚板公司轧钢系统改造的补充内容于2015年4月2日获批立项。

△　炼铁部北区1号高炉停炉。

△　为期15天的不锈钢公司钢轧系统年度联合大修圆满结束。

11月16日

△　按照集团党委部署，公司党委领导班子成员集中学习了党的十八届五中全会、省委八届十二次全会精神。公司党委书记、董事长王兰玉主持学习，总经理田欣及其他在家领导参加学习。

△　公司董事长、党委书记王兰玉会见前来访问的唐山建华实业集团总裁孟英一行。

△　炼铁部北区1号高炉迁至中厚板公司，列为3号高炉异地大修，减量置换为1580立方米高炉，进一步强化沿海临港基地建设。

11月17日

△　不锈钢公司钢渣处理工程获批立项。项目概算投资4116.81万元，由唐山钢铁国际工程技术有限公司设计，唐山远大建筑安装工程公司承包建设。此工程采用封闭钢渣处理技术。项目投运后，改变露天处理钢渣的现状，钢渣处理扬尘大大降低，并采用除尘器收集处理。

11 月 18 日

△ 日本钢铁联盟首席代表草地资文一行来公司访问。公司副总经理武士勇与客人座谈。

△ 瓦房店轴承股份有限公司总经理孙茂林一行来公司访问。公司副总经理武士勇与客人座谈。

△ 公司职工自主研发的“转炉炉前挡火门行走机构”（专利号 201520525922.4）获国家实用新型专利。

△ 公司职工自主研发的“一种用于铸钢轧辊的高度可调节式支撑装置”（专利号 201520525558.1）获国家实用新型专利。

△ 公司职工自主研发的“一种钢包热修的可移动顶吸除尘罩车”（专利号 201520530283.0）获国家实用新型专利。

△ 公司职工自主研发的“一种固定式吊装龙门架”（专利号 201520552616.X）获国家实用新型专利。

△ 唐山钢铁国际工程技术有限公司职工自主研发的“一种除尘灰仓自动加水装置”（专利号 201520552266.7）获国家实用新型专利。

11 月 19 日

△ 广东省总工会学习考察团在唐山市总工会党组成员、副主席孟庆平陪同下到公司参观考察。

11 月 20 日

△ 中国惠普有限公司战略客户部总经理周令坤一行来公司访问。公司副总经理姚力与客人座谈。

△ 冷轧部酸洗机组成功轧制 73.69 吨高强度酸洗汽车结构钢 22MnB5，标志着公司具备了该牌号酸洗汽车用钢批量生产能力。

11 月 22 日

△ 集团安全检查组来公司检查指导工作。公司董事长、党委书记王兰玉出席汇报会。

11 月 27 日

△ 公司召开“职业健康安全、环境、能源管理体系”外审末次会议。公司副总经理武士勇出席会议。外审首次会议于本月 23 日召开。

11月27~28日

△ 由东北大学倡议举办的高端冷轧家电板生产关键共性技术研讨会在公司召开。公司董事长、党委书记王兰玉出席会议并致辞。中国工程院院士、东北大学教授王国栋作专题报告。来自宝钢、首钢、鞍钢、本钢、东芝三菱电机以及东北大学等钢铁企业和科研院所的专家、学者参加会议。

11月28日

△ 公司董事长、党委书记王兰玉在唐钢宾馆会见来访的中冶陕压重工设备有限公司总经理王波一行。

△ 公司举办第九期厂部级干部专题系列讲座。公司党委副书记、纪委书记王春东出席讲座。

11月30日

△ 大禹电气科技股份有限公司董事长王怡华一行来公司访问。公司副总经理武士勇与客人座谈。

11月

△ 国家科技部国际合作司发布2015年度示范型国际科技合作基地39家单位认定名单，公司“环保炼钢及钢材深加工国际科技合作基地”获得认定批复，标志着公司具备申报国家级国际合作项目的资格。该基地的获批认定，填补了我国钢铁企业国家示范型国际科技合作基地的空白。

△ 公司成功开发冰箱压缩机壳用钢。

△ 公司成功运用云平台技术将铁路物流管控系统从实体主机向虚拟主机迁移，标志着公司信息化技术水平和实施能力又跃上了一个新的台阶。

△ 公司取消气烧麦窑石灰采购，全部使用普灰。

△ 公司完成对中厚板和不锈钢区钢后物料的统管。

△ 为落实“119”消防宣传日活动安排，进一步推动公司消防宣传教育，切实提升全体职工消防安全水平，公司将11月定为“消防安全宣传月”，并下发《关于开展“119”消防宣传月活动的通知》，部署消防宣传月期间的各项工作。

△ 中厚板公司成功轧制厚10毫米、宽3000毫米的超薄超宽规

格板材。

△ 唐银公司成功开发 LQ195 ϕ6.5 毫米拔丝用普线钢。

△ 商贸公司杭州钢材销售服务中心与浙江地区某钢瓶有限公司签订 500 吨 HP295 焊瓶钢试单订购合同，公司 HP295 焊瓶钢挺进华东市场。

△ 2015 年唐山市专利奖揭晓。公司“控制退火温度生产 390~500 兆帕结构级镀锌产品”“一种免退火型中高碳钢板制造工艺”和“利用反馈数据提高轧机板形设定及动态控制精度的方法”三个专利项目分别获得一、二、三等奖。

12 月

12 月 1 日

△ 公司董事长、党委书记王兰玉在会议中心会见前来访问的集团控股公司瑞士德高副总裁米奇里尼一行，双方就明年出口工作进行了深入交流。

△ 省总工会安全生产联查组来公司调研。公司党委副书记、纪委书记王春东与联查组座谈。

△ 公司下发《关于成立创新委员会的通知》，正式成立创新委员会，建立公司技术、管理和岗位有机结合的创新体系。

△ 公司制定下发《厂部级管理人员绩效管理办法》《专家绩效管理指导意见》，进一步加强和规范重点岗位人员绩效管理，通过提高关键岗位绩效水平带动全员总体绩效水平的提升。

△ 公司第七届董事会第八十二次会议审议通过设立唐山惠唐工业技术服务有限公司易达分公司、物联分公司、检修分公司的事项。

12 月 3 日

△ 泰国正大集团顾问侯映辉来公司访问。公司副总经理张洪波与客人座谈。

△ 公司通过河北省安监局委托唐山市安监局组织的安全生产诚信企业现场评审考核，位居“全省首批安全生产诚信 A 级企业”行列。

12 月 5 日

△ 公司高强度汽车板项目连退生产线成功轧制 80 吨厚度为 1.8~2.0 毫米、宽度 1000 毫米、牌号为 HCT980X 的双相高强汽车钢，公司具备了 HCT980X 汽车用钢批量生产能力。

△ 不锈钢公司为客户量身定制的 487 吨 SG255-Cr 焊瓶钢出口巴基斯坦。

12 月 7 日

△ 公司召开专题会议，学习贯彻集团于勇董事长在集团 2016 年重点工作分析说明会上的重要讲话精神，并就落实集团要求，全面做好 2016 年各项重点工作，奋力开创生产经营新局面提出要求。公司董事长、党委书记王兰玉，总经理田欣等出席会议。

12 月 8 日

△ 公司在会议中心举行“互联网时期传统企业转型与升级”专题讲座。公司董事长、党委书记王兰玉，总经理田欣等出席讲座。

12 月 9 日

△ 公司举办“压缩机冲压用钢的研究与开发”技术讲座。公司副总经理张洪波出席讲座。

△ 公司板材加工配送中心及钢结构加工工程获批立项。项目概算投资 7093.96 万元。工程内容包括建设主厂房 1 座 6 跨，充分利用不锈钢公司原设计加工综合库钢结构；新建综合楼 1 栋；板材加工及钢结构加工生产设备等。此项目位于河北乐亭经济开发区，由唐山市远大建筑安装工程有限公司、唐钢新事业发展有限公司、河北钢铁建设集团有限责任公司、唐山东方建设公司、秦皇岛中兵基础工程技术公司承建。

△ 公司职工自主研发的“一种节约占地面积的转炉干法除尘布置结构”（专利号 201520552442.7）获国家实用新型专利。

△ 公司职工自主研发的“一种更换皮带输送机胶带的辅助工具”（专利号 201520537284.8）获国家实用新型专利。

△ 公司职工自主研发的“一种可提高钙铝芯线吸收率的精炼炉喂丝系统”（专利号 201520593502.X）获国家实用新型专利。

△ 公司职工自主研发的“薄板坯连铸连轧生产超薄热轧板卷

的方法”（专利号 201410075487. X）获国家发明专利。

12 月 10 日

△ 公司董事长、党委书记王兰玉在会议中心会见开平区委书记和春军一行。

△ 由中国设备管理协会主办的钢铁工业设备资产全寿命周期费用管理研讨会在公司召开。公司副总经理武士勇出席会议并致辞。

12 月 11 日

△ 中厚板公司与中国建筑第二工程局有限公司签订战略合作协议。

△ 公司开展“两化融合”管理体系建立以来的首次内审，标志着该项贯标认证工作进入新阶段。

12 月 12 日

△ 秦皇岛市副市长王成来公司访问。公司副总经理姚力与客人座谈。

12 月 14 日

△ 公司董事长、党委书记王兰玉在会议中心会见老挝第一钢铁公司董事长夏志文。

12 月 15 日

△ 公司董事长、党委书记王兰玉在会议中心会见前来访问的邮储银行河北省分行行长董志宏一行。

△ 威立雅中国区副总裁、工业水服务首席执行官杜吉耀一行来公司访问。公司副总经理姚力与客人座谈。

△ 公司工会在全体职工中开展“解放思想谋发展 抢抓机遇作贡献”献计献策活动，共收到各类建议 3851 条。此次活动于 2015 年 11 月 26 日开始。

△ 公司职工自主研发的“污水除油过滤器”（专利号 201520580690. 2）获国家实用新型专利。

△ 公司职工自主研发的“一种焦炉煤气制液化天然气的富氢尾气处理装置”（专利号 201520530147. 1）获国家实用新型专利。

12 月 17 日

△ 不锈钢公司通过印度冷轧用热轧碳钢钢带、热轧中高强结构

钢、热轧焊管用钢带产品认证现场审核，取得了印度市场的准入资格。

12 月 18 日

△ 不锈钢公司 1580 成品库扩建工程竣工并投入使用。此工程概算投资 1371. 11 万元，由唐山钢铁国际工程技术有限公司设计，唐山市远大建筑安装工程有限公司承建，于 2015 年 8 月 6 日开工建设。

12 月 19 日

△ 唐山市钢铁工业协会二届六次理事会暨 2015 年度会员大会在公司召开。唐山市钢铁工业协会理事长，公司董事长、党委书记王兰玉作钢协工作报告。

△ 公司董事长、党委书记王兰玉在会议中心会见来访的苏州吉姆西客车制造公司董事长杨水平一行。

12 月 20 日

△ 公司发布《新产品设计和开发管理程序》。

12 月 21 日

△ 公司领导班子组织专题学习河北省委、省政府《关于深化地方国有企业改革的实施意见》。公司党委书记、董事长王兰玉主持专题学习，总经理田欣及其他在家公司领导参加学习。

△ 河钢新材公司总经理刘连民来公司访问。公司副总经理李茂广与客人座谈。

12 月 22 日

△ 河北省国税局党组副书记、副局长胡秋生一行来公司调研。公司董事长、党委书记王兰玉出席座谈。

12 月 23 日

△ 泰国意太林泰公司执行副总裁普拉萨特来公司访问。公司副总经理李茂广与客人座谈交流。

△ 公司职工自主研发的“一种能提高烟气脱水效果的转炉脱水装置”（专利号 201410285436. X）获国家发明专利。

△ 公司职工自主研发的“高速线材生产过程中使用的夹送辊”（专利号 201520657460. 1）获国家实用新型专利。

12月25日

△ 炼铁部北区2号、3号高炉矿槽除尘风机节能改造项目完工。

12月26日

△ 公司举办2016年“法人授权”培训班。公司党委副书记、纪委书记王春东出席培训。

12月27日

△ 全国政协委员、原中国进出口银行行长李若谷来公司调研。公司董事长、党委书记王兰玉出席座谈会。

12月28日

△ 公司制定下发《自主管理活动管理办法》，规范了自主管理活动流程，明确了活动步骤，鼓励基层员工立足岗位，运用科学的管理方法和专业知识，解决生产现场的实际问题。

12月29日

△ 河钢集团客户服务部总经理郭新科一行来公司访问。公司副总经理李茂广出席座谈交流。

12月30日

△ 公司隆重召开2016年创新工作会议。大会强调，全面落实集团决策部署，突出“市场”和“产品”两大主题，不断推进和持续完善创新体系建设，推动全员创新，实现技术创新、管理创新和岗位创新全面上水平，为企业发展提供不竭动力。公司董事长、党委书记王兰玉作重要讲话，总经理田欣主持会议，公司领导与公司厂部级干部、专家、技术骨干等660余人参加会议。大会对7项“有突出贡献的课题组”、14名“有突出贡献的科技人才”、11项“一线职工优秀创新成果”、10名“优秀技能人才”以及3名“优秀特聘专家团队”成员进行了表彰；为12个优秀职工创新工作室授牌；为6名公司首席专家举行聘任仪式并颁发聘任证书。

△ 公司召开二十一届十次职代会预备会。公司董事长、党委书记王兰玉主持会议并就开好本次职代会提出要求，公司总经理田欣就职代会主要议案作重要说明。根据安排，公司二十一届十次职代会定于2016年1月6日召开，大会的主要任务是听取《行政工作报告》，

审议并通过大会议案、决议。

△　公司发布24项2016年公司级科技和管理创新重点课题。

△　公司职工自主研发的“低石灰消耗的转炉炼钢方法”（专利号201410026518.2）获国家发明专利。

△　公司职工自主研发的“一种测量在线热连铸坯宽度的测量工具”（专利号201520700928.0）获国家实用新型专利。

△　公司职工自主研发的“一种有利于解决镀锡基板边部黑线的小立辊孔型结构”（专利号201520694138.6）获国家实用新型专利。

△　公司职工自主研发的“螺纹钢码钢装置”（专利号201520674128.6）获国家实用新型专利。

△　中厚板公司高炉煤气与中润焦化煤气置换项目开工建设。项目概算投资1.69亿元，由唐山钢铁国际工程技术有限公司设计，河北省安装工程有限公司承建。项目主要建设内容包括疏通中厚板厂区至中润煤化工高炉煤气管道，中润煤化工至唐钢焦炉煤气管道，煤气加压站，中润煤化工厂内焦炉高炉煤气加热设施，焦炉煤气脱硫，输送管道设施完善和与项目配套的水、电、计量仪表等。此项目于2015年11月5日获批立项。

△　公司2015年度信息化项目获批立项。项目概算投资9978万元，由中国惠普有限公司、慧点科技有限公司、百睿信息技术（上海）有限公司和唐钢信息自动化部联合设计实施。主要建设项目包括管理系统、财务报表优化及完善、OA系统升级改造及审批功能扩展、移动办公应用平台、外网邮箱升级改造、信息化系统安全改造项目、人力资源系统改造优化、一冷轧信息化改造、ODS二期建设等。

△　不锈钢公司动力系统改造工程开工。项目概算投资4792.87万元，由唐山钢铁国际工程技术有限公司设计，河北钢铁建设集团有限责任公司、唐山瑞丰建业集团有限公司承包建设。项目主要建设内容为全厂压缩空气系统提升改造、全厂水系统提升改造、全厂电系统提升改造。此工程为不锈钢公司铁区烧结及料场工程配套工程。

12月31日

△　公司召开2015年最后一次安全生产工作会议，总结2015年

安全工作，部署2016年安全工作重点。公司总经理田欣作重要讲话。

△　公司组织完成106名专家评聘上岗工作。

12月

△　公司制定下发《全员绩效管理办法》《全员绩效管理手册》。

△　集团批复公司与北京弘慈医疗合资唐钢医院事项，双方签署《关于唐山钢铁集团有限责任公司医院之合资合作协议》《唐山弘慈医院有限公司章程》。

△　公司焊丝钢成功打入世界高端用户神钢焊丝，实现了唐山周边焊材供货全覆盖，并成功开发山东德州焊丝市场，全年产销量19.77万吨。

△　唐银公司南北原料堆场封闭改造工程竣工。投入使用后，封闭空间满足原料存储、车辆运输、装卸、倒运、上料等要求。

△　唐银公司环保综合技术改造项目竣工。项目概算投资4000万元，设备由泊头市宁波滤材有限公司提供，设计方与承建方为唐山钢铁国际工程技术有限公司。该项目投运后，企业现场扬尘大大降低，改善了职工的生产作业环境。该工程于2015年11月开工建设。

2015年

△　公司共产铁1594.61万吨，钢1542.43万吨，钢材1465.01万吨；实现营业收入434.88亿元，利税总额11.98亿元，其中利润5.05亿元。

△　公司先后推出两轮挖潜增效计划，累计完成挖潜增效额41亿元。

△　财务审计完成非钢事业部下属单位月、季度效益情况的核实工作，揭示审计风险11条。完成工程预（结）算审计1599项，审减值1428万元。

△　公司完成设备BOM搭建工作，历时3个月，收集数据107万条并导入系统。

△　公司重新修订下发《工程建设施工招标投标管理办法》，从而使企业工程项目招投标合同管理依规合法有序进行。

△　公司实行用户回访制度，完善《产品质量异议管理办法》，建立了对接用户的快速响应机制，着力强化技术营销及用户服务，客

户结构明显改善，高附加值产品销量稳步提升。

△　公司改进研发新产品牌号70个，其中23个实现批量稳定供货，20个进入小批量供货阶段。全年新产品销售56.7万吨。

△　公司着力开拓东南亚市场，首次以唐钢品牌登陆泰国市场，成功出口钢材6500吨，包括镀锌板、热轧板及螺纹钢。

△　公司焊丝系列用钢占高线产品总量的46.9%，成为华北地区焊丝钢生产基地之一。

△　公司党委下设31个基层党委，2个直属党总支，3个直属党支部，362个基层党支部，党员总数为14096名（含离退休、改制单位、就业指导中心党员等）。

△　公司共有厂部级干部185人，其中女干部17人，少数民族9人；博士4人，研究生学历50人，本、专科学历128人，中专学历3人；平均年龄48.33岁。

△　公司党委制定实施《落实党风廉政建设党委主体责任和纪委监督责任的考核方案》《党风廉政建设党委主体责任和纪委监督责任的追究办法（试行）》，共制修订10项党风廉政制度，纳入公司管理控制程序，保证了惩防体系制度的严肃性与有效性，党风廉政制度体系进一步完善。

△　按照公司改革创新要求，配套三项制度改革，推进操作技能人员管理改革，研究制定《操作技能人员管理办法》，自2016年1月1日起发布实施。

△　公司举办管理类培训9512人次、考前培训3000余人、技师高级技师综合素质能力提升培训456人、安全培训3.5万人次。

△　公司学习贯彻首部关于统一战线工作的党内法规《统战工作条例》。

△　公司创建以厂际立功竞赛、季度主题竞赛和产线作业区对标争先赛为主导的“3+X”竞赛模式，小指标竞赛覆盖55条生产线（炉座）、220个生产班组，调动了广大职工生产积极性、主动性和创造性。

△　公司成功开发出国家标准范围之外的25号、28号输变电铁塔用角钢，满足了客户个性化需求。

△　公司组织参加义务植树 1.5 万人次，栽植法桐、白蜡、国槐、杨树、丁香、木槿、紫叶李、樱花等乔灌木 1.28 万株，新增绿地面积 4 万平方米。

△　公司库存资金占用较财务指标累计降低 30.88 亿元。归口费用累计完成 3.14 亿元，较财务下达的指标降低 1664 万元，圆满完成了归口费用控制指标。

△　公司完善小分类和工艺规程项目 559 项，产品制造标准卡和控制计划实现了钢轧所有产品和规格的全覆盖，工艺标准化检查 666 项次；提出纠正整改 499 项；完成整改 490 项。

△　公司借助 APS、ODS、QMS 等系统，全力推进按单生产组织模式，从合同评审、订单建立、生产执行、钢轧系统生产工艺设备特点及流程、产品检验制定，储存发运等全程跟踪合同的兑现。全年合同兑现率完成 98.64%，同比提高 2%，缩短交货周期 2 天。

△　公司首次实施了关键工艺过程参数达成率和产品满意度指标评价。钢轧工艺过程达成率显著提高，综合完成 92%以上。

△　公司对营销系统的薪酬管理工作进行改革，加强营销绩效考核与销售业务人员薪酬管理。

△　公司全年处理各种非计划品积压钢 25.87 万吨，减少资金占用 5.67 亿元。其中通过网上竞价处置非计划品 25.35 万吨，拍卖累计超底价创效 875.82 万元，较上年分别提高 8.73 万吨和 432.2 万元。

△　公司将全资子公司及控股子公司资金纳入财务经营部集中管理范畴，先后制定《资金集中管控管理办法》《资金集中管控实施细则》，实现了资金上划、下拨，使资金使用效率整体上得到提升。

△　公司紧紧围绕降低原燃料采购价格取得成效，其中硅锰合金降幅 33%，焦炭下降 35%，炼焦煤下降 33%，喷吹无烟煤下降 22%。

△　公司开展深度市场调研，加快产线与市场的对接，推动产品结构和客户结构同步调整，实施品种、质量、售价提升战略，销售钢材 1470.85 万吨，实现工业销售产值 327.11 亿元。

△　高强度汽车板物流管控平台顺利上线，实现了从原料进厂至产品出厂的物流全过程跟踪及数据采集、门禁卡及容车数管理等功

能，推进物流系统“三化融合”取得积极进展。

△　公司物流成本实现309.48元/吨，挖潜增效总额5.15亿元。

△　炼铁部在铁产量增加的同时，同口径对比吨铁成本降低22.50元，实现挖潜增效额2.97亿元。

△　冷轧本部酸轧机组年产量突破200万吨，镀锌产品突破120万吨，均创历史最好水平。

△　中厚板公司综合焦比485.99千克/吨，创历史最好水平。

△　不锈钢公司综合入炉焦比500.37千克/吨，创历史最好水平。

△　气体公司医用氧销售继续保持优势，在唐山地区市场占有率达94%以上。

△　唐钢非钢单位数量达到32家，从业人员达1.38万人，实现收入166亿元，利润2.35亿元，消化人工成本14.63亿元，非钢资产总额100多亿元，累计挖潜增效5.6亿元。公司非钢产业格局初具规模，为新一轮发展奠定基础。

△　截至年末，唐山科技职业技术学院（河北冶金技师学院、河北省冶金高级技工学校）共有各层次学历教育在校生2870人。

△　公司推进“耐候结构钢生产工艺的研究与系列钢种的开发”等10项重大科研课题和“汽车用深冲及超深冲级镀锌产品开发及推广”等54项重点科研课题，其中50项课题达到预期目标。

△　公司对《安全生产经济责任制度》《外协单位、外来人员安全培训制度》《安全培训管理制度》《设备检修管理制度》《危险源管理制度》《事故隐患排查治理制度》等制度进行了修订完善，出台《安全生产责任追究管理规定》，对事故、隐患和违章严肃追责。

附　　录

荣誉称号

获省级以上荣誉称号的先进集体

2014 年

1 月 10 日

△ 在第八届全国优秀企业管理成功案例论坛暨《企业管理》杂志全国理事会大会上，公司获评“全国十佳企业管理创新单位”。

2 月 23 日

△ 热轧部、冷轧部被国家安全生产监督管理总局授予“冶金安全生产标准化（轧钢）一级企业”称号。

3 月

△ 公司文联被河北省企业文联授予“河北省先进企业文联”称号。

△ 生产制造部检验技术科被河北省总工会授予“河北省五一巾帼标兵岗”和“河北工人先锋号”称号。

△ 公司获得“2013 年度河北省最具影响力和最具成长性企业”及“河北省明星企业”称号。

△ 公司政研会被省委宣传部授予“2013 年度河北省宣传文化系统（政研会）先进集体”称号。

4 月 28 日

△ 不锈钢公司卷板车间获得“河北省先进班组”称号。

△ 冷轧部镀彩车间三镀锌乙班获得“‘李斌式’模范班组”称号。

4 月

△ 公司被中华全国总工会、国家安全生产监督管理总局授予

“全国‘安康杯’竞赛优胜单位”称号。至此，公司已连续七年获此荣誉。

△ 长材部转炉车间3号转炉丁班炼钢组、动力部热电二车间甲班、不锈钢公司轧区点检中心装辊组获得“全国‘安康杯’竞赛优胜班组”称号。

△ 公司获得“2013年河北省物流信息化先进企业”称号。

△ 公司被中国钢铁工业协会评为“2013年度财务结算价格信息工作先进单位”。

△ 冷轧部被国家安监局推荐为“全国安全生产标准化示范企业”创建单位。

△ 气体公司被河北省设备管理协会授予“2011～2013年度河北省设备管理优秀单位”称号。

5月

△ 公司团委获得“全国钢铁行业‘青安杯’竞赛优胜单位”、河北省政府国资委“五四红旗团委标兵”称号。

6月13日

△ 公司被工商总局评为“2012～2013年度国家级守合同重信用”企业。

6月22日

△ 公司在河北省第二届“网络模拟炼钢”大赛中，获得企业组转炉炼钢比赛团体冠军。

6月

△ 公司党委被省国资委党委授予“先进基层党组织”称号。

△ 公司在第二届中国冶金文学奖评选活动中获得“优秀组织奖”。

△ 冷轧部天天向上QC小组、物流公司机修车间风动装置技术攻关QC小组被中国质量协会冶金工业分会评为“冶金行业先进质量管理小组”。

7月31日

△ 公司被国家人力资源和社会保障部、中国钢铁工业协会授予“全国钢铁工业先进集体”称号。

8月

△ 在第十届中国企业教育百强论坛上，公司获得“中国企业教育先进单位百强”称号。这是公司自2009年以来第六次获此荣誉。

△ 公司政研会在全国冶金政研会第九次会员代表大会上被评为“优秀政研会”。

9月10日

△ 公司被河北省安全生产监督管理局命名为“河北省首批安全文化建设示范企业”。

9月19日

△ 热轧部轧钢车间被共青团中央、国家安全生产监督管理总局授予“2013年度全国青年安全生产示范岗”称号。

9月25日

△ 公司在中国质量协会、中华全国总工会、中华全国妇联、中国科学技术协会联合主办的全国质量管理工作总结表彰会上，被授予“全国质量管理小组活动优秀企业”称号。

9月

△ 公司被河北省质量与品牌学会、河北省职工技师技术创新协会授予“2014年度先进企业质量文化奖”。

△ 公司被省冶金行业协会授予“2014年度河北省冶金行业质量管理活动优秀企业”称号。

10月

△ 公司被中国钢铁工业协会评为“2014年度钢铁统计工作先进集体”。

△ 公司工会获得“河北省工会系统财务工作先进集体”称号。

△ 公司文联在河北省企业界员工第五届文学作品征文大赛中获得“组织奖”。

11月21日

△ 公司被河北省委、省政府命名为“2012～2013年度文明单位”。

11月25日

△ 公司获得“2014年河北明星企业”称号。

11 月 28 日

△ 热轧部精炼车间 RH 精炼炉丁班、冷轧部镀锌精整车间三镀锌丁班被中国安全生产协会授予“安全管理标准化示范班组”称号。

11 月

△ 企业文化部被河北省委宣传部授予“宣传思想工作创新奖”。

12 月 10 日

△ 公司获得“2014 年河北省企业管理创新优胜企业”称号。

12 月

△ 公司被中国质量协会和全国用户委员会授予“全国用户满意企业”称号，蝉联此项荣誉。

△ 公司被评为“2014 年度河北省冶金行业统计工作先进单位”。

△ 公司被河北省委宣传部、河北省发展和改革委员会评为“河北节约之星”。

△ 公司在省国资委系统第一届技能人才职业大赛上，获得“炼钢团体优胜奖”。

2014 年

△ 公司被河北省安全生产协会授予“2014 年度河北省安全生产先进单位”称号。

△ 公司被中国钢铁工业协会评为“财务决算编报工作先进单位”。

△ 公司工会被中华全国总工会授予“全国模范职工之家”称号。

△ 公司驻滦县榛子镇于家营村帮扶工作组被评为“河北省优秀驻村工作组”。

△ 教育中心获得 2014 年“用友新道杯”河北省职业院校会计信息化技能大赛二等奖。

△ 教育中心获得第五届全国有色金属行业职业院校技能大赛金属冶炼项目团体三等奖。

2015 年

1 月

△　公司郑久强劳模创新工作室被中华全国总工会命名为“首批全国示范性劳模创新工作室”。

△　丁国伟冶金加热技术创新工作室、李和岭内燃机车检修创新工作室、劳瑞斯创新工作室被河北省总工会授予“2014 年度‘工人先锋号’”称号。

△　公司政研会被河北省委宣传部评为“2014 年度宣传文化系统（政研会）先进集体”。

△　公司文联被河北省企业（行业）文联授予“2014 年度优秀企业文联”称号。

2 月

△　公司被河北省总工会命名为“关爱职工百佳企业”。

△　公司团委获得“2014 年度全国钢铁行业五四红旗团委”称号。

△　不锈钢公司炼钢车间团支部获得“2014 年度全国钢铁行业五四红旗团支部”称号。

△　公司驻滦县于家营村工作组被河北省农村面貌改造提升行动（基层建设年活动）领导小组评为“优秀驻村工作组”。

3 月

△　公司生产制造部检验技术科被中华全国总工会授予“全国五一巾帼标兵岗”称号。

4 月 16 日

△　公司团委在全国钢铁行业共青团工作指导和推进委员会一届四次常务会议上，获得“2014 年度全国钢铁行业五四红旗团委标兵”称号。

4 月

△　公司团委获得“2014 年度省国资委五四红旗团委”称号。

△　检修分公司炼钢检修团支部获得“2014 年度省国资委五四红旗团支部标兵”称号。

△ 郑久强炼钢创新工作室被中国机械冶金建材工会授予“全国机冶建材系统示范型职工（劳模）创新工作室”称号。

5月19日

△ 在钢铁行业教育培训工作先进单位及先进个人评比表彰大会上，公司获得“第三届钢铁行业教育培训工作先进单位”称号，这是公司第三次获此荣誉。

5月26日

△ 公司获得“河北省第八届三星级最具影响力和最具成长性企业”称号。

5月27日

△ 公司被国家发展和改革委员会主管的中国人力资源开发研究会授予“2014年度中国人力资源开发与管理最佳创新奖”。

5月

△ 冷轧部镀彩车间团支部被团省委授予“河北省优秀团支部”称号。

△ 高强度汽车板项目镀锌产线被命名为“全国青年安全示范岗”。

6月

△ 公司被中华全国总工会、国家安全生产监督管理总局授予“2014年度全国‘安康杯’竞赛优胜单位”称号，连续八年获此荣誉。

△ 冷轧部被中华全国总工会、国家安全生产监督管理总局评为“2014年度全国‘安康杯’竞赛优胜单位”。

△ 炼铁部南区高炉车间炉前丙班被中华全国总工会、国家安全生产监督管理总局授予“全国‘安康杯’竞赛优胜班组”称号。

△ 冷轧部酸轧车间乙班被河北省总工会、河北省安全生产监督管理局评为“2014年度‘安康杯’竞赛优胜班组”。

△ 在第五届全国冶金职工运动会包钢销售杯五人制足球比赛、羽毛球比赛中，公司被中国冶金体育协会、中国职工文体协会冶金分会授予“体育道德风尚奖”。

△ 教育中心获得第六届全国有色金属行业职业院校技能大赛金

属冶炼项目团体三等奖。

7 月

△ 教育中心在河北省委教育工委和河北省教育厅主办的 2014 年度“我们的价值观，我们的中国梦——精彩课堂”网上展播暨第一届精彩课堂评选活动中获得“优秀组织奖”。

8 月

△ 炼铁部南区 360 平方米烧结机、热轧部 1 号 150 吨转炉在中国机冶建材工会与中国钢铁工业协会组织开展的“全国重点大型耗能钢铁生产设备节能降耗对标竞赛”中分别获得“全国优胜炉”称号，炼铁部 4 号 3200 立方米高炉获得“全国创先炉”称号。

△ 公司团委获得“2014 年度全国钢铁行业‘青安杯’竞赛优胜单位”称号。

△ 冷轧部、生产制造部、商贸公司获得“2014 年度全国钢铁行业‘青安杯’竞赛先进集体”称号。

9 月 10 日

△ 在第十一届中国企业教育百强年度盛典暨 2015 中国企业培训论坛上，公司获得“中国企业教育百强先进单位”称号。这是公司第 7 次获此荣誉。

9 月

△ 公司被中国质量协会、中华全国总工会、中华全国妇女联合会、中国科学技术协会命名为“全国质量管理小组活动优秀企业”。

10 月

△ 公司工会被河北省总工会授予“河北省模范职工之家红旗单位”称号。

11 月

△ 公司在河北省政府国资委、河北省人力资源和社会保障厅联合主办的第二届省国资委系统职工技能人才职业大赛中，获得“团体优胜奖”。

△ 公司被中国设备管理协会授予“第十届全国设备管理优秀单位”称号。

12 月 16 日

△ 公司获得“2015 年河北省企业管理创新优胜企业”称号。

12 月 22 日

△ 公司被河北省总工会、省企业家协会、省职工文化体育协会联合授予“河北省企业文化建设示范单位”称号。

12 月

△ 长材部工会被中华全国总工会授予“模范职工之家”称号。

△ 公司在河北省工业和信息化厅、河北省人力资源和社会保障厅、河北省教育厅联合主办的 2015 河北省电子信息职业技能大赛程序设计项目中获得职工组团体三等奖。

2015 年

△ 中厚板材有限公司、自动化信息公司、钢源冶金炉料有限公司获得“2014 年度全国钢铁行业‘青安杯’竞赛青年安全生产示范岗”称号。

△ 热轧部青安岗、长材部青安岗、不锈钢有限公司青安岗、唐银公司青安岗、技术中心青安岗、设备机动部青安岗、新事业发展有限公司青安岗、销售分公司青安岗分别获得“2014 年度全国钢铁行业‘青安杯’竞赛最佳青年安全监督岗”称号。

获省级以上荣誉称号的先进个人

2014 年

1 月

△ 生活服务总公司（行政福利处）职工孙东升被评为“河北省国资委系统道德模范”。

3 月 21 日

△ 在河北省科学技术奖励大会上，公司首位外籍员工、意大利籍工程师劳瑞斯获得“河北省国际科学技术合作奖”。

4 月 28 日

△ 热轧部职工刘洪被中国机冶建材工会全国委员会授予“全国机冶建材系统李斌式模范金牌工人”称号。

4 月

△ 公司职工王洪刚被中国钢铁工业协会评为“2013 年度财务结算价格信息工作优秀信息员”。

△ 公司职工赵军、徐伟、张立新、刘存强、李毅挺、武士勇、万海龙、王振刚、张文彬、刘亦兵被河北省人民政府授予“河北省劳动模范”称号。

△ 气体公司职工裴志远、张希庆获得“2011～2013 年度河北省设备管理优秀工作者”称号。

△ 气体公司炼钢制氧作业区职工刘永东获得“2011～2013 年度河北省设备管理维修技术能手”称号。

5 月 3 日

△ 公司职工唱春占获得第十七届“河北青年五四奖章”，成为唐山市和全省钢铁行业唯一获奖者。

6 月

△ 公司职工丁国伟被评为“省国资委优秀共产党员”，董建辉被评为“省国资委优秀党务工作者”。

7 月

△ 公司职工王兰玉、唱春占、孟祥臣、刘春雨、唐光明、徐杰、王宜广被授予“全国钢铁工业劳动模范”称号。

△ 公司职工刘杰、张卫华被中国钢铁工业协会评为“2014 年度优秀钢铁信息员”。

10 月

△ 公司职工胡丽君、杨旭、张红英被中国钢铁工业协会评为“2014 年度钢铁统计工作先进工作者”。

△ 公司职工李朝旺、胡彬彬、孙希生、谷海波被授予“全国钢铁行业技术能手”称号。

11 月 5 日

△ 公司青工韩一杰在由共青团中央、人力资源和社会保障部联合举办的第十一届“振兴杯”全国青年职业技能大赛决赛中获维修电工比赛第 17 名，是河北省代表队本次大赛取得的最好成绩。

11 月 25 日

△ 公司董事长、党委书记王兰玉获得“2014 年河北省优秀（创业）企业家”称号。

11 月 28 日

△ 冷轧部镀锌精整车间三镀锌丁班职工王超、长材部棒材生产组职工付建伟被中国安全生产协会授予“安全管理标准化示范班组创建活动优秀班组长”称号。

11 月 30 日

△ 检修分公司职工崔小刚获得省国资委系统第一届技能人才职业大赛钳工第一名。

△ 在省国资委系统第一届技能人才职业大赛上，热轧部职工付书波获得炼钢工第一名。

△ 长材部炼钢点检中心职工谷海波获得河北省国资委系统第一届技能人才职业大赛电工第三名。

12 月 10 日

△ 公司董事长、党委书记王兰玉获得“2014 年河北省企业管理创新有特殊贡献带头人”称号。

12 月

△ 公司职工武朝锁被人力资源和社会保障部授予“国家技能人才培育突出个人”称号，成为中国钢铁工业协会唯一获奖者。

2014 年

△ 公司董事长、党委书记王兰玉，总经理田欣，副总经理李茂广，安全部部长崔绍宇获得“河北省安全生产先进个人”称号。

△ 公司职工张红英、杨旭被评为“2014 年度河北省冶金行业统计工作先进工作者”。

△ 公司职工唱春占、张燕茹、孙建松、卢河川获得“河北省技术能手”称号。

△ 教育中心职工李倩琳获得“2013～2014 年度全国计算机等级考试先进个人”称号。

△ 教育中心职工谢丽芸获得“2013～2014 年度全国英语四六级考试先进个人”称号。

△ 教育中心学生许超、陈屹获得河北省第十八届大运会“体育道德风尚奖”。

2015 年

2 月

△ 炼铁部职工顾桂萍被中华全国总工会授予“全国五一巾帼标兵”称号。

△ 审计处贺喜林获得河北省国资委“2014 年度审计工作先进个人”称号。

3 月

△ 公司团委唐巍获得“2014 年度全国钢铁行业优秀共青团干部标兵”称号。

△ 保卫部马涛获得“2014 年度全国钢铁行业优秀共青团员”称号。

4 月 23 日

△ 公司职工郑久强当选“中国梦 · 劳动美”最美职工，成为全国钢铁行业和河北省唯一获此荣誉的职工。这一评选活动由中央宣

传部、中华全国总工会联合举办。

4月28日

△ 在北京召开的2015年庆祝“五一”国际劳动节暨表彰全国劳动模范和先进工作者大会上，公司职工郑久强被授予“全国劳动模范”称号，并作为劳动模范代表上台接受党和国家领导人的表彰。

4月

△ 热轧部运行车间天车工孙希生获得“河北省五一劳动奖章”。

△ 冷轧部职工王俊伟、炼铁部职工李朝旺被河北省人力资源和社会保障厅授予“河北省技术能手”称号。

△ 自动化公司职工唱春占获得“2014年度第八届河北省国资委青年五四奖章”；长材部职工张永堂获得“2014年度省国资委青年岗位能手”称号；公司团委唐巍获得“2014年度省国资委优秀团务工作者”称号；动力部职工张鹏杰获得“2014年度省国资委新长征突击手”称号。

5月19日

△ 公司职工刘铁力、王红丽、晁世萍、武朝锁、韩明、刘峥获得“第三届钢铁行业教育培训工作先进个人”称号；武朝锁获得“第三届钢铁行业教育培训工作先进个人突出贡献奖”。

5月26日

△ 公司董事长、党委书记王兰玉获得“河北省第八届最受关注企业家”称号。

5月

△ 企业文化部（宣传部）杜进被河北省冶金政研会评为“2014年度宣传思想文化优秀先进个人”。

7月

△ 公司职工刘杰、张卫华被中国钢铁工业协会评为“2015年度优秀钢铁信息员”。

8月

△ 物流公司朱荣喜被全国钢铁行业共青团工作指导和推进委员会评为“2014年度全国钢铁行业‘青安杯’竞赛最佳青安岗岗

长”。

△ 公司团委高士峰获评“2014 年度全国钢铁行业‘青安杯’竞赛最佳组织者”。

10 月 13 日

△ 热轧部职工郑久强被中共中央宣传部、中央文明办、解放军总政治部、中华全国总工会、共青团中央、全国妇联授予“全国敬业奉献道德模范”称号。

10 月

△ 公司机械（重机）装备公司职工吴建雄在 2015 年中国技能大赛——河北省职工职业技能大赛数控机床装调维修工决赛中获得第一名，代表河北省参加中国技能大赛决赛。

11 月 2 日

△ 在第二届省国资委系统技能人才职业大赛中，自动化公司职工韩一杰获维修电工第一名。

11 月 25 日

△ 公司职工曹东鹏、李成获得“钢铁行业学知识标兵”称号。

12 月 11 日

△ 公司职工付书波、崔小江获得“河北省突出贡献技师”称号。

12 月 13 日

△ 信息自动化部职工贾磊、唐燕、孙晓晨在省工业和信息化厅、省人力资源和社会保障厅、省教育厅联合举办的 2015 年中国技能大赛——河北省电子信息技能大赛中，获得程序设计集体竞赛项目团体三等奖。

12 月 16 日

△ 公司董事长、党委书记王兰玉被评为“2015 年河北省企业管理创新有特殊贡献带头人”；王亚光、王东林、王静北被评为“2015 年河北省企业管理创新工作优秀组织者”。

12 月 22 日

△ 公司董事长、党委书记王兰玉被河北省总工会、省企业家协会、省职工文化体育协会联合授予“河北省企业文化建设先进个人”称号。

获省级以上奖项的产品和科研成果

2014 年

1 月 10 日

△ 公司“钢铁企业低压余热蒸汽发电和钢渣改性气淬处理技术及示范”研究成果获得 2013 年度国家科学技术进步奖二等奖。

3 月 20 日

△ 公司自主实施的“钢铁企业提升成本控制力的资源结构优化”项目获得第二十届全国企业管理创新成果二等奖。

6 月

△ 物流公司开展的“降低铁路道岔坏损更换率”“降低车架一体式鱼雷混铁车弹簧折断率”“降低内燃机车突发故障率”课题获得河北省优秀科技质量成果奖。

7 月

△ 冷轧部实施的“应用系统工程理论优化镀锌线退火炉工艺控制”成果获得河北省冶金企业联合会颁发的企业管理现代化成果二等奖。

8 月 18 日

△ 公司运营改善部“钢铁企业国际化经营与管理”项目获得河北省（第二十一届）企业管理现代化创新成果一等奖。

△ 人力资源部“基于提升企业核心竞争力的人力资源优化与实施”管理项目获得河北省（第二十一届）企业管理现代化创新成果一等奖。

△ 设备机动部“搭建多级设备管控平台实现精益化设备管理”项目获得河北省（第二十一届）企业管理现代化创新成果一等奖。

△ 生产制造部“以提升质量稳定性为核心的全流程质量管控”管理项目获得河北省（第二十一届）企业管理现代化创新成果一等奖。

△ 物流公司“钢铁物流企业管控机制再优化的构建与提升”

管理项目获得河北省（第二十一届）企业管理现代化创新成果一等奖。

△ 公司法律事务部“规范企业对外投资，降低企业法律风险”管理项目获得河北省（第二十一届）企业管理现代化创新成果一等奖。

△ 不锈钢公司“以价值链为导向的企业战略转型”管理项目获得河北省（第二十一届）企业管理现代化创新成果一等奖。

△ 热轧部“以质量一贯制为导向的职工培训实施与探索”管理项目获得河北省（第二十一届）企业管理现代化创新成果一等奖。

△ 房地产公司“建立健全成本控制体系实现‘钢城·水岸’项目综合效益最大化”管理项目获得河北省（第二十一届）企业管理现代化创新成果一等奖。

△ 技术中心“强化备煤管理 利用煤质的互补性降低焦化配煤成本”管理项目获得河北省（第二十一届）企业管理现代化创新成果一等奖。

△ 唐银公司“无缝隙生产计划组织在生产中的实践应用”管理项目获得河北省（第二十一届）企业管理现代化创新成果一等奖。

△ 物流公司“深化物流业务管控环节 实现物流成本再优化”管理项目获得河北省（第二十一届）企业管理现代化创新成果一等奖。

△ 行政福利处“构建现代服务经营管控体系 助推钢铁后勤服务转型发展”管理项目获得河北省（第二十一届）企业管理现代化创新成果一等奖。

△ 安全部、自动化公司“构建安全信息化平台 实现安全科学高效管控”管理项目获得河北省（第二十一届）企业管理现代化创新成果二等奖。

△ 财务经营部“以强化资金流为核心的财务运营管控”管理项目获得河北省（第二十一届）企业管理现代化创新成果二等奖。

△ 长材部“以基础管理为导向的产品创效能力提升工程”管理项目获得河北省（第二十一届）企业管理现代化创新成果二等奖。

△ 非钢事业部“加快非钢体制机制创新 实现唐钢‘多元发

展’转型升级”管理项目获得河北省（第二十一届）企业管理现代化创新成果二等奖。

△　热轧部“管理创新 提高热轧部差异化竞争能力”管理项目获得河北省（第二十一届）企业管理现代化创新成果二等奖。

△　唐银公司“实施管理绩效延伸 促进企业综合效益提高”管理项目获得河北省（第二十一届）企业管理现代化创新成果二等奖。

△　中厚板公司“实行精细化管理 实现炼钢清洁生产管理”项目获得河北省（第二十一届）企业管理现代化创新成果二等奖。

△　不锈钢公司“运用现代化管理技术 提升能源精细化管理水平”管理项目获得河北省（第二十一届）企业管理现代化创新成果二等奖。

△　长材部“加强精细化管理与点检定修促进转炉设备稳定运行”管理项目获得河北省（第二十一届）企业管理现代化创新成果二等奖。

△　动力部“动力系统实现节能降耗的精细化管理”项目获得河北省（第二十一届）企业管理现代化创新成果二等奖。

△　技术中心“建立和推行ISO/TS 16949质量管理体系提升汽车板质量水平”管理项目获得河北省（第二十一届）企业管理现代化创新成果二等奖。

△　技术中心“实施产销研一体化 提高唐钢新产品创效能力”管理项目获得河北省（第二十一届）企业管理现代化创新成果二等奖。

△　技术中心“加强科技信息平台建设 全面提升企业管理效能”管理项目获得河北省（第二十一届）企业管理现代化创新成果二等奖。

△　冷轧部“应用系统工程 实现冷轧全流程厚度精度综合控制与优化”管理项目获得河北省（第二十一届）企业管理现代化创新成果二等奖。

△　设备机动部“构建零库存网上超市 提升采购管理水平”管理项目获得河北省（第二十一届）企业管理现代化创新成果二

等奖。

△ 生产制造部“实施一贯制质量管理 全面提升唐钢产品质量”管理项目获得河北省（第二十一届）企业管理现代化创新成果二等奖。

△ 唐银公司“运用精细化管理 实现设备辅料库低位运行”管理项目获得河北省（第二十一届）企业管理现代化创新成果二等奖。

△ 自动化公司“建立关键技经指标体系 创新唐钢绩效管理模式”管理项目获得河北省（第二十一届）企业管理现代化创新成果二等奖。

△ 动力部“推行标准化管理体制 提高水处理中心节能降耗水平”管理项目获得河北省（第二十一届）企业管理现代化创新成果三等奖。

△ 技术中心“以客户需求引导电工钢质量提升 打造电工钢推广品牌”管理项目获得河北省（第二十一届）企业管理现代化创新成果三等奖。

△ 冷轧部“应用系统工程理论优化镀锌线退火炉工艺控制”管理项目获得河北省（第二十一届）企业管理现代化创新成果三等奖。

△ 炼铁部“科技驱动型节约优质煤源降低成本管理”项目获得河北省（第二十一届）企业管理现代化创新成果三等奖。

△ 炼铁部“运用标准化管理方法实现高炉经济炼铁”管理项目获得河北省（第二十一届）企业管理现代化创新成果三等奖。

△ 生产制造部“生产过程实施标准化管理 提高唐钢 FTSR 减薄控制能力”管理项目获得河北省（第二十一届）企业管理现代化创新成果三等奖。

8 月

△ 在全国冶金政研会第九次会员代表大会上，公司申报的“理念领先、机制创新，以强大的执行力打造市场竞争新优势”和“构建企业命运共同体，推进最具竞争力钢铁企业建设”成果分别获得全国冶金企业文化建设成果优秀奖和思想政治工作创新奖。

△ 公司申报的“管理团队七巧板工作坊”成果获得“第十届中国企业培训创新成果金奖”，入选《中国企业培训蓝皮书Ⅵ》（中国出版集团现代教育出版社出版），同时获批国家版权课程。

10 月

△ 公司钢筋混凝土用热轧带肋钢筋、连续热镀锌钢带、冷轧低碳钢带 3 项产品获得中国钢铁工业协会 2014 年度冶金产品实物质量“金杯奖”。至此，公司获得此奖项的产品增至 10 个。

△ 长材部实施的“提高 165 毫米×165 毫米方坯定重合格率”QC 成果获得全国优秀质量管理小组成果奖。

11 月

△ 在第七届中国技术市场协会金桥奖评审结果中，公司参评的“FTSR 薄板坯短流程高碳含量钢种生产工艺开发及推广”成果获得优秀项目奖。

12 月 16 日

△ 公司连续热镀锌钢带 DX51D+Z、冷轧低碳钢带 DC01、钢筋混凝土用热轧带肋钢筋 HRB400E 三个产品获得“冶金行业品质卓越产品”称号。

12 月

△ 公司“薄板坯连铸连轧生产线超薄规格热轧板卷大批量生产技术创新”研究成果获得“2014 年度河北省科学技术进步一等奖”“河北省冶金科学技术一等奖”。

△ 公司冷轧低碳钢带、热轧带肋钢筋两产品再获得“全国用户满意产品”称号。

△ 公司中小型型钢（角钢、U 型钢、工字钢）获得“河北省名牌产品”称号。

2014 年

△ 公司实施的“钢铁产品全流程质量管控平台的研究与开发”项目获得冶金科学技术奖三等奖、河北省冶金科学技术奖二等奖。

△ 公司实施的“一种超高强度汽车结构钢及其生产方法”项目获得河北省科技发明三等奖、河北省冶金科学技术奖二等奖。

△ 公司实施的“烧结生产系统漏风监测技术创新和能效优化”

项目获得河北省科技进步奖三等奖。

△ 公司实施的“系列高品质焊丝用钢生产工艺创新及品种开发”项目获得河北省科技进步奖三等奖。

△ 公司实施的“非主流矿在唐钢的研究与应用”项目获得河北省冶金科学技术奖二等奖。

△ 公司医院实施的“抗焦虑抑郁治疗对心衰患者生活质量及血浆 BNP 的影响”项目获得河北省冶金科学技术奖二等奖。

△ 公司实施的“干熄焦系统烧损影响因素及控制方法研究”项目获得河北省冶金科学技术奖三等奖。

△ 公司实施的“‘微尔智能’设备管理信息平台的开发与应用”项目获得河北省冶金科学技术奖三等奖。

△ 公司实施的“锰矿石 LF 炉合金化技术开发及应用”项目获得河北省冶金科学技术奖三等奖。

△ 公司实施的“一种检测钢材热装脆性的实验方法”项目获得河北省冶金科学技术奖三等奖。

△ 公司实施的“一种可以降低耐材消耗的 RH 精炼炉的砌筑方法”项目获得河北省冶金科学技术奖三等奖。

△ 公司医院实施的“颈动脉粥样斑块及血清超敏 CRP 与急性脑梗死发病机制关系的研究”“血液透析患者自我感受负担影响因素及干预效果”项目获得中国金属学会冶金医学奖二等奖。

△ 气体公司实施的“制氧系统节能减排零放散的开发及应用”和“氢气充装质量优化”两个项目分别获得河北省质量技术奖励委员会颁发的质量技术二等奖和三等奖。

2015 年

1 月 9 日

△ 经全国企业管理现代化创新成果审定委员会审定，公司“大型钢铁企业海外市场拓展”管理项目获得第二十一届国家级企业管理创新成果二等奖。

6 月 20 日

△ 不锈钢公司“降低 1580 工艺堆卡钢事故率”课题获得河北

省冶金系统优秀质量成果一等奖。

6 月

△ 冷轧部“降低液压事故时间”成果获得 2015 年度河北省冶金系统优秀管理成果二等奖。

7 月 22 日

△ 唐山钢铁国际工程技术有限公司“唐山东华钢铁企业集团有限公司煤气发电、烧结余热综合利用项目”“钢渣深度提铁示范项目”获得 2015 年度河北省优秀工程勘察设计二等奖。

△ 唐山钢铁国际工程技术有限公司“炼铁北区 3 号高炉除尘系统及 TRT 湿法改干法工程”“唐钢炼铁北区 210 平方米烧结机烟气脱硫工程”获得 2015 年度河北省优秀工程勘察设计三等奖。

7 月

△ 长材部生产技术科 QC 小组申报参评的“提高焊丝钢出站氮合格率”成果被河北省冶金协会评为“河北省冶金行业优秀质量成果一等奖”。

8 月 25 日

△ 运营改善部“以应对新常态挑战为核心的创新驱动型管理”项目获得河北省（第二十二届）企业管理现代化创新成果一等奖。

△ 财务经营部“强化资金集中一贯制管理 提升资金运营效率”管理项目获得河北省（第二十二届）企业管理现代化创新成果一等奖。

△ 非钢事业部“优化实施非钢发展战略 打造唐钢发展坚强支柱”管理项目获得河北省（第二十二届）企业管理现代化创新成果一等奖。

△ 技术中心“基于高强钢筋 HRB500(E) 产销研一体化攻关，构建创效产品全生命周期管理体系”管理项目获得河北省（第二十二届）企业管理现代化创新成果一等奖。

△ 设备机动部“依托系统大数据平台建立量化评估设备管理体系”管理项目获得河北省（第二十二届）企业管理现代化创新成果一等奖。

△　运营改善部“精益生产管理体系的构建与实施”管理项目获得河北省（第二十二届）企业管理现代化创新成果一等奖。

△　炼铁部“加强库存控制管理建立经济存储模型 降低综合成本”管理项目获得河北省（第二十二届）企业管理现代化创新成果一等奖。

△　热轧部“全面绩效管理体系的创建与实施”管理项目获得河北省（第二十二届）企业管理现代化创新成果一等奖。

△　物流公司“构建物流唐钢设备管控体系确保设备可靠经济运行”管理项目获得河北省（第二十二届）企业管理现代化创新成果一等奖。

△　唐银公司“实施体系认证夯实企业基础管理，提高经济效益”管理项目获得河北省（第二十二届）企业管理现代化创新成果一等奖。

△　炼铁部中厚板区“大部制架构下铁前成本管控的探索”管理项目获得河北省（第二十二届）企业管理现代化创新成果一等奖。

△　技术中心“构建系统化管理模式，实现生产用辅料费用精细控制”管理项目获得河北省（第二十二届）企业管理现代化创新成果一等奖。

△　物流公司“唐钢物流信息化管控平台设计与应用”管理项目获得河北省（第二十二届）企业管理现代化创新成果一等奖。

△　唐银公司“钢铁企业设备运维精细化管理体系的构建与实施”管理项目获得河北省（第二十二届）企业管理现代化创新成果一等奖。

△　安全部“创建冶金安全生产标准化示范企业打造安全管理国际一流水平”管理项目获得河北省（第二十二届）企业管理现代化创新成果二等奖。

△　不锈钢公司“基于能源结构调整和全过程可视化控制的能源升级管理”项目获得河北省（第二十二届）企业管理现代化创新成果二等奖。

△　炼铁部“基于可靠性分析的设备经济维修模式构建”管理项目获得河北省（第二十二届）企业管理现代化创新成果二等奖。

△　不锈钢公司“以现金流为中心的资金管理”项目获得河北省（第二十二届）企业管理现代化创新成果二等奖。

△　动力部“以精细化管理为抓手 提高节能降耗水平”管理项目获得河北省（第二十二届）企业管理现代化创新成果二等奖。

△　长材部“提升新65吨转炉炼钢环境的应用与创新”管理项目获得河北省（第二十二届）企业管理现代化创新成果二等奖。

△　气体公司“大型联合制氧机组生产集中管理创新”管理项目获得河北省（第二十二届）企业管理现代化创新成果二等奖。

△　信息自动化部“借助信息化平台，构建企业质量证明书标准化管理体系”管理项目获得河北省（第二十二届）企业管理现代化创新成果二等奖。

△　生产制造部“以全流程管控为核心的全面预算管理”项目获得河北省（第二十二届）企业管理现代化创新成果二等奖。

△　技术中心“以产线对标为支撑推进产品结构优化”管理项目获得河北省（第二十二届）企业管理现代化创新成果二等奖。

△　不锈钢公司“以利润为中心四级连锁绩效考核体系的构建与实施”管理项目获得河北省（第二十二届）企业管理现代化创新成果二等奖。

△　生产制造部“以客户满意为导向，拉动‘开放性’质量改进”管理项目获得河北省（第二十二届）企业管理现代化创新成果二等奖。

△　生产制造部“运用系统工程理论，建立市场拉动型全过程质量管控体系”管理项目获得河北省（第二十二届）企业管理现代化创新成果二等奖。

△　生产制造部“以用户为中心的钢材物流延伸服务管理”项目获得河北省（第二十二届）企业管理现代化创新成果二等奖。

△　技术中心“以满足客户需求为指导，提高马口铁产品创效能力”管理项目获得河北省（第二十二届）企业管理现代化创新成果二等奖。

△　中厚板公司“运用一贯制质量管理办法提高厚规格优质碳素结构钢板内部质量合格率”管理项目获得河北省（第二十二届）

企业管理现代化创新成果二等奖。

△　生产制造部“加强营销体系建设攻关培育唐钢八大系列优势产品”管理项目获得河北省（第二十二届）企业管理现代化创新成果三等奖。

△　长材部“运用系统工程理论提高SAE系列出口钢产品质量”管理项目获得河北省（第二十二届）企业管理现代化创新成果三等奖。

△　长材部“价值工程在生产安全事故预防中的应用”管理项目获得河北省（第二十二届）企业管理现代化创新成果三等奖。

△　冷轧部“实施标准化作业管控提升酸洗汽车用钢品质”管理项目获得河北省（第二十二届）企业管理现代化创新成果三等奖。

△　机械（重机）装备公司“推进过程数据化管理体系，提升产品合格率”管理项目获得河北省（第二十二届）企业管理现代化创新成果三等奖。

△　检修分公司“设备大中修项目综合管理的研究与实践”管理项目获得河北省（第二十二届）企业管理现代化创新成果三等奖。

△　炼铁部“以标准化管理为导向 实现烧结降本增效”管理项目获得河北省（第二十二届）企业管理现代化创新成果三等奖。

△　炼铁部“整合技术优势构建科学设备管理体系”管理项目获得河北省（第二十二届）企业管理现代化创新成果三等奖。

9月10日

△　公司报送的“互联网+钢铁企业大学创新思维与实战研究”获得“第十一届中国企业培训创新成果金奖”，第七次入选正式出版发行的《中国企业培训蓝皮书Ⅶ》。

△　公司人力资源培训开发精细化管理研究课题组自主研发的拓展训练精品培训项目“管理团队七巧板工作坊”，继2014年获得准国家版权课程（国作登字-2014-L-00154196）后，再获得“中国企业培训十佳金牌课程”。

9月22日

△　炼铁部中厚板区“大部制架构下铁前成本管控的探索”管理项目获得中国钢铁工业协会2015年冶金企业管理现代化创新成果

二等奖。

△　物流公司“构建物流唐钢设备管控体系确保设备可靠经济运行”管理项目获得中国钢铁工业协会 2015 年冶金企业管理现代化创新成果三等奖。

△　运营改善部“以应对新常态挑战为核心的创新驱动型管理”项目获得中国钢铁工业协会 2015 年冶金企业管理现代化创新成果三等奖。

△　非钢事业部“优化实施非钢发展战略 打造唐钢发展坚强支柱”管理项目获得中国钢铁工业协会 2015 年冶金企业管理现代化创新成果三等奖。

△　运营改善部“精益生产管理体系的构建与实施”管理项目获得中国钢铁工业协会 2015 年冶金企业管理现代化创新成果三等奖。

△　炼铁部“加强库存控制管理建立经济存储模型 降低综合成本”管理项目获得中国钢铁工业协会 2015 年冶金企业管理现代化创新成果三等奖。

△　生产制造部“运用系统工程理论，建立市场拉动型全过程质量管控体系”管理项目获得中国钢铁工业协会 2015 年冶金企业管理现代化创新成果三等奖。

9 月

△　不锈钢公司“降低板坯夹杂比例”“提高连铸电气设备控制精度”课题获得河北省优秀质量成果奖。

10 月

△　公司连续热镀锌钢带、冷轧镀锡用热轧钢带 2 项产品获得中国钢铁工业协会 2015 年度冶金产品实物质量“金杯奖”。

11 月

△　公司连续热镀锌钢带 DC52D+Z 产品被冶金工业质量经营联盟评为“2015 年度冶金行业品质卓越产品”，标志着公司生产的连续热镀锌钢带品质达到国内先进水平。

12 月

△　在 2015 年度“实施用户满意工程”奖项评选中，公司结构用热轧钢带、焊接用钢盘条两个产品被评为“全国用户满意产品”。

△ 公司“HBIS”牌钢带（镀锌带钢）、“HBIS”牌热轧宽钢带被河北省质量奖评审委员会、河北省质量技术监督局评为“河北省名牌产品”。

△ 公司“薄板坯连铸连轧工艺生产无取向电工钢质量提升技术与开发”项目获得河北省科技进步奖一等奖、河北省冶金科学技术奖一等奖。

2015 年

△ 公司实施的“小方坯连铸机与棒材轧机之间的‘界面技术’优化”项目获得冶金科学技术奖三等奖。

△ 公司实施的“型钢控制系统的研发与应用”项目获得冶金科学技术奖三等奖、河北省冶金科学技术奖一等奖。

△ 公司实施的“烧结环保节能新技术的集成应用”项目获得河北省冶金科学技术奖一等奖。

△ 公司实施的“镀锡基板生产工艺研究与优化”项目获得河北省冶金科学技术奖二等奖。

△ 公司实施的“血清钙调蛋白、超敏 C 反应蛋白与急性缺血性脑卒中的研究”项目获得河北省冶金科学技术奖二等奖。

△ 公司实施的“向量机炼焦煤岩配煤优化系统开发及应用”项目获得河北省冶金科学技术奖三等奖。

△ 公司实施的“一种免退火型中高碳钢板制造工艺”项目获得河北省冶金科学技术奖三等奖。

△ 公司实施的“控制退火温度生产 390～500 兆帕结构级镀锌产品方法”项目获得河北省冶金科学技术奖三等奖。

△ 公司实施的“利用优化反馈数据提高轧机板形设定及动态控制精度”项目获得河北省冶金科学技术奖三等奖。

统　计

附表 1　新中国成立以来主要产品

指标名称	单位	1949～1952 年	1953～1957 年“一五”时期	1958～1962 年“二五”时期	1963～1965 年调整时期	1966～1970 年“三五”时期	1971～1975 年“四五”时期	1976～1980 年“五五”时期
钢	吨	119813	929430	1486675	547118	1969698	3752807	3962271
生铁	吨			448815		39420	381933	557475
商品材坯	吨	73507	432038	1015760	498910	1791429	3453492	3415846
钢材	吨	73283	426914	926445	370982	973967	1826800	2132710
铁精粉	吨						139793	
焦炭	吨							
实现利税	万元	1601	13497	-14369	7637	22157	34809	36612
利润	万元	1381	11566	-18452	5914	16461	22060	25607
税金	万元	220	1931	4083	1723	5696	12749	11005
上缴税金	万元	1301	12586	7247	7556	22005	34799	33726

资　料

产量及利税累计完成情况

1981～1985年“六五”时期	1986～1990年“七五”时期	1991～1995年“八五”时期	1996～2000年“九五”时期	2001～2005年“十五”时期	2006～2010年“十一五”时期	2011～2015年“十二五”时期	1949～2015年累计完成
5788327	7105425	9294538	14138640	33479670	72022044	77168779	231765235
1264775	2132596	7687003	14593741	33060622	73305171	79659470	213131021
4996690	6244562	8446254	13341850	32451965	70288905	75731247	222182455
3604951	5301350	7630793	12239681	30015214	63454305	75108902	204086297
494456	2514878	5436392	6693736	7045461	4631424		26956140
	1650118	3607920	5362880	9257954	13981864	10285638	44146374
76688	142285	432018	392775	1290002	2208649	761667	5406028
51636	51038	157494	128505	624319	1032467	214177	2324173
25052	91247	274524	264270	665683	1176182	547490	3081855
64987	108242	297299	370180	823873	1431708	596220	3811729

附表 2　2014~2015 年主要指标完成情况

指标名称	单位	完成情况	
		2014 年	2015 年
一、产值			
工业总产值（现价）	万元	4485680	3266850
工业销售产值（现价）	万元	4458885	3271118
工业增加值	万元	562339	483846
工业增加值率	%	12. 54	14. 81
工业产品销售率	%	99. 4	100. 13
二、主要产品产量			
人造富矿	吨	23455843	23360762
生铁	吨	15570460	15946128
钢	吨	15094728	15424346
商品材坯	吨	14997243	14827695
钢材	吨	14949394	14650110
焦炭	吨	2507468	2673823
发电量	万千瓦时	354975	315811
三、能源环保指标			
能源消耗总量（标煤）	吨	8528179	8632953
万元产值能耗（标煤）	吨/万元	1. 9	2. 64
万元增加值能耗（标煤）	吨/万元	15. 17	17. 84
吨钢综合能耗（标煤）	千克/吨	564. 98	559. 70
吨钢可比能耗（标煤）	千克/吨	538. 72	544. 30
污染物综合排放合格率	%	100	100
粉尘合格率	%	100	100
废水处理达标率	%	100	100
废气排放达标率	%	100	100
焦炉煤气利用率	%	100	100
高炉煤气利用率	%	99. 87	99. 89
转炉煤气利用率	%	100	100
四、财务指标			
营业收入	万元	5871785	4348846
主营业务收入	万元	5388756	4024391
营业成本	万元	5392449	3857243
主营业务成本	万元	4908850	3642934
实现利税总额	万元	144535	119817
利润	万元	55623	50501
净利润	万元	42137	43055

续附表 2

指标名称	单位	完成情况	
		2014 年	2015 年
应交税金总额	万元	-98991	114955
资产总计	万元	12801448	12532476
固定资产原值	万元	6836494	7516691
固定资产净值	万元	4511251	4981278
流动资产	万元	3436303	2509107
负债合计	万元	8593678	8264089
流动负债	万元	7681050	7909126
非流动性负债	万元	912628	354963
总资产报酬率	%	1.02	1.7
成本费用利润率	%	0.95	0.98
国有资本保值增值率	%	97.54	102.61
资产负债率	%	67.13	65.94
流动比率	%	44.74	31.72
速动比率	%	32.99	25.4
流动资产周转次数	次	1.69	1.46
存货周转次数	次	5.62	5.12
应收账款周转次数	次	104.54	66.1
五、劳动工资			
从业人员劳动生产率（产值）	元/(人·年)	1147526	885181
从业人员劳动生产率（增加值）	元/(人·年)	143858	131102
全部职工年末人数	人	38443	37316
全部职工工资总额	万元	238676	233111
六、安全环保			
千人负伤率	‰	1.01	0.45
死亡人数	人	0	1
工业废水排放处理率	%	100	100
工业废气排放处理率	%	100	100
污染物综合排放合格率	%	100	100
七、外经外贸			
钢铁产品出口额	万美元	210115	161385
钢材	万美元	210115	161385
钢铁产品出口量	吨	4039883	3533654
钢材	吨	4039883	3533654

附表 3　2014~2015 年职工分布情况　（人）

2014 年职工分布情况

单　位	在册职工人数	女职工	在岗职工	按劳动岗位分类				非在岗职工
				生产操作人员	专业技术人员	管理人员	派驻单位人员	
唐钢集团总计	38443	7600	34001	29464	2863	1595	79	4442
主业单位合计	24815	5020	21742	19056	1633	974	79	3073
炼铁部	4153	768	3739	3462	155	122	0	414
热轧部	1588	153	1486	1343	82	61		102
长材部	2759	299	2477	2280	109	88		282
冷轧部	1217	200	1179	1066	67	46		38
动力部	1510	367	1433	1286	92	55		77
技术中心	143	64	130	15	90	25		13
设备机动部	378	135	294	181	81	32		84
生产制造部	711	310	634	416	172	46		77
计控管理部	87	57	76	50	19	7		11
公司机关	713	292	685	114	336	156	79	28
职工交流中心	1679	496	90	82	7	1		1589
不锈钢公司	4073	589	3870	3591	216	63		203
中厚板公司	2115	284	2046	1849	150	47		69
唐银公司	3689	1006	3603	3321	57	225		86
非钢单位合计	12949	2548	12162	10394	1165	603	0	787
物流公司	2429	294	2242	2089	78	75		187
检修公司	2716	398	2703	2569	84	50		13
机械装备	439	88	373	336	14	23		66
工业技术服务公司	58	9	58	57	1			0
重机装备	473	45	472	438	15	19		1
微尔自动化	984	202	964	755	148	61		20
信息科技分公司	215	66	184	150	29	5		31
能源科技分公司	3	1	3		1	2		0
河北华奥公司	9	4	9		6	3		0

续附表 3

2014 年职工分布情况								
单　位	在册职工人数	女职工	在岗职工	按劳动岗位分类				非在岗职工
				生产操作人员	专业技术人员	管理人员	派驻单位人员	
新事业	457	102	320	238	42	40		137
钢源冶金炉料	258	68	246	197	25	24		12
冶金炉料厂	73	15	71	68	1	2		2
气体公司	446	93	435	356	54	25		11
青龙炉料	272	22	270	240	14	16		2
唐龙公司	105	29	105	80	14	11		0
唐昂公司	66	21	64	58	3	3		2
房地产	22	9	22		11	11		0
商贸	190	33	185	112	52	21		5
行政福利处	1429	489	1277	1149	84	44		152
保卫部	1304	73	1234	1200	3	31		70
教育中心	187	105	166	43	103	20		21
医院	551	368	496	67	367	62		55
美锦项目部	207	6	207	157	5	45		0
水务管理部	37	7	37	31	6			0
焊管项目部	19	1	19	4	5	10		0
集团单位合计	106	29	97	14	65	18	0	9
销售公司	86	20	79	13	52	14		7
审计处	20	9	18	1	13	4		2
改制单位合计	573	3	0	0	0	0	0	573
设计院	7		0					7
原轧辊公司	153		0					153
建筑安装公司	305	1	0					305
天马物流有限公司	86		0					86
时创耐火材料公司	22	2	0					22

续附表 3

2015年职工分布情况								
单　位	在册职工人数	女职工	在岗职工	按劳动岗位分类				非在岗职工
				操作人员	专业技术人员	管理人员	派驻单位人员	
唐钢集团总计	37316	7280	32966	28391	2934	1556	85	4350
主业及非钢单位合计	36870	7246	32874	28377	2876	1536	85	3996
炼铁部	2683	462	2604	2387	136	81		79
炼铁焦化区	936	148	905	853	28	24		31
热轧部	1483	135	1428	1287	84	57		55
长材部	2429	219	2307	2122	95	90		122
冷轧部	944	153	898	813	47	38		46
动力部	1352	343	1314	1174	88	52		38
型钢部	253	9	252	227	12	13		1
技术中心	165	63	162	15	126	21		3
生产制造部	583	269	552	409	106	37		31
设备机动部	281	115	264	160	74	30		17
计控管理部	238	96	235	66	146	23		3
股份机关	686	286	669	78	363	143	85	17
就业指导中心	2941	839	45	38	4	3		2896
集团机关	23	3	23		10	13		0
美锦项目部	0		0					0
不锈钢公司	3827	564	3629	3370	202	57		198
中厚板公司	2121	263	2062	1883	132	47		59
唐银公司	3622	992	3521	3242	54	225		101
高强汽车板	352	33	352	312	29	11		0
焊管项目部	77	2	77	52	8	17		0
水务管理部	0		0					0
机械装备	372	87	360	322	16	22		12
保卫部	1337	71	1310	1276	3	31		27
物流公司	2223	245	2134	1974	76	84		89
检修公司	2658	371	2636	2500	84	52		22

续附表3

2015年职工分布情况								
单位	在册职工人数	女职工	在岗职工	按劳动岗位分类				非在岗职工
				操作人员	专业技术人员	管理人员	派驻单位人员	
行政福利处	1316	402	1272	1148	78	46		44
教育中心	168	100	163	45	98	20		5
医院	488	331	466	62	347	57		22
冶金炉料厂	64	14	64	61	1	2		0
工业技术服务公司	54	16	54	52	2			0
重机装备	462	38	458	424	15	19		4
微尔自动化	894	183	884	655	166	63		10
信息科技分公司	171	58	166	139	23	4		5
能源科技分公司	2	1	2		1	1		0
河北华奥公司	24	5	24	10	8	6		0
新事业	328	82	292	210	40	42		36
房地产	22	10	22		11	11		0
商贸	181	30	178	107	49	22		3
唐龙公司	103	28	98	71	16	11		5
唐昂公司	61	21	58	52	3	3		3
钢源冶金炉料	255	65	248	199	24	25		7
气体公司	434	83	433	347	62	24		1
青龙炉料	257	11	253	235	9	9		4
集团单位合计	100	28	92	14	58	20	0	8
销售公司	82	20	74	13	46	15		8
审计处	18	8	18	1	12	5		
改制单位合计	346	6	0	0	0	0	0	346
设计院	5		0					5
原轧辊公司	101	3	0					101
建筑安装公司	166	0	0					166
天马物流有限公司	61	1	0					61
时创耐火材料公司	13	2	0					13

附表 4　2014~2015 年管理及

2014

员工队伍类别		合计		文化程度结构					
		合计	女	博士	硕士	大本	大专	中专	高中及以下
经营管理	小计	1445	199	11	193	761	345	59	76
	领导人员	11		2	7	2			
	中层人员	185	18	6	48	107	22	2	
	科级人员	1249	181	3	138	652	323	57	76
技术业务	小计	2988	1458	10	259	1972	509	131	107
	研发人员	68	31	1	22	43	2		
	工程技术	1208	388	8	124	873	124	18	61
	销售人员	115	19		24	82	7	1	1
	采购人员	0							
	财务人员	136	95		7	100	27	1	1
	其他	1461	925	1	82	874	349	111	44

2015

员工队伍类别		合计		文化程度结构					
		合计	女	博士	硕士	大本	大专	中专	高中及以下
经营管理	小计	1407	192	7	199	843	327	31	
	领导人员	13		2	8	3			
	中层人员	190	17	4	50	112	21	3	
	科级人员	1204	175	1	141	728	306	28	
技术业务	小计	3080	1433	22	325	2038	461	93	141
	研发人员	115	41	12	39	63	1		
	工程技术	1310	425	9	178	948	117	8	50
	销售人员	80	17		17	52	10	1	
	采购人员	39	27		1	12	16	4	6
	财务人员	166	128		8	124	32	2	
	其他	1370	795	1	82	839	285	78	85

专业技术人员基本情况

（人）

年

职称结构					年龄结构					
正高	高级	中级	初级	未定	35岁以下	36岁至40岁	41岁至45岁	46岁至50岁	51岁至54岁	55岁至59岁
41	483	375	148	398	120	114	429	556	212	14
2	8			1			1	6	4	
18	120	28	14	5	4	2	43	81	43	12
21	355	347	134	392	116	112	385	469	165	2
12	517	1122	722	615	1439	311	581	506	135	16
	28	32	7	1	33	6	13	13	3	
	199	505	263	241	711	116	186	173	22	
	6	36	44	29	99	3	7	5	1	
	49	39	28	20	31	14	41	41	9	
12	235	510	380	324	565	172	334	274	100	16

年

职称结构					年龄结构					
正高	高级	中级	初级	未定	35岁以下	36岁至40岁	41岁至45岁	46岁至50岁	51岁至54岁	55岁至59岁
35	486	429	169	288	167	135	280	499	305	21
4	7	1		1			1	6	5	1
17	124	28	16	5	4	2	32	78	56	18
14	355	400	153	282	163	133	247	415	244	2
17	523	1154	583	803	1523	351	420	584	181	21
3	38	46	6	22	60	16	15	19	5	
3	247	666	220	174	763	146	145	205	51	
	8	36	27	9	58	6	3	10	3	
	1	11	11	16	11	9	6	6	7	
	39	29	37	61	72	17	28	48	1	
11	190	366	282	521	559	157	223	296	114	21

附表 5　2014~2015 年操作技能人员结构情况　（人）

项　目		2014 年	2015 年
职称结构	操作人员总数	29464	28479
	正高级	1	
	高级	6	17
	中级	448	559
	初级	683	571
技能等级	高级技师	182	205
	技师	1255	1641
	高级工	8655	9062
	中级工	2982	2172
	初级工	2511	1316
文化程度	硕士	94	109
	大本	2191	2177
	大专	4792	4265
	中专	8338	1947
	高中及以下	14056	19981
年龄	35 岁以下	9242	8019
	36~40 岁	3812	4129
	41~45 岁	5505	4157
	46~50 岁	6914	7500
	51~54 岁	2404	2955
	55~59 岁	1572	1719
	60 岁以上	22	

附表 6 2014~2015 年科研成果获奖情况

2014 年获得省级科技成果项目

项 目	冶金科学技术奖	省科技进步奖	省科技发明奖	省冶金科学技术奖	唐山市科技进步奖
非主流矿在唐钢的研究与应用				二等奖	三等奖
干熄焦系统烧损影响因素及控制方法研究				三等奖	三等奖
钢铁产品全流程质量管控平台的研究与开发	三等奖			二等奖	二等奖
“微尔智能”设备管理信息平台的开发与应用				三等奖	三等奖
锰矿石 LF 炉合金化技术开发及应用				三等奖	二等奖
薄板坯连铸连轧生产线超薄规格热轧板卷大批量生产技术创新		一等奖		一等奖	一等奖
一种超高强度汽车结构钢及其生产方法			三等奖	二等奖	二等奖
一种检测钢材热装脆性的实验方法				三等奖	
一种可以降低耐材消耗的 RH 精炼炉的砌筑方法				三等奖	

续附表 6

2014 年获得省级科技成果项目

项　目	冶金科学技术奖	省科技进步奖	省科技发明奖	省冶金科学技术奖	唐山市科技进步奖
抗焦虑抑郁治疗对心衰患者生活质量及血浆 BNP 的影响				二等奖	
烧结生产系统漏风监测技术创新和能效优化		三等奖			
系列高品质焊丝用钢生产工艺创新及品种开发		三等奖			

2014 年通过省级鉴定科研项目

项　目	承担单位	项目水平	通过日期
小方坯连铸机与棒材轧机之间的“界面技术”优化	长材部	国际先进	2014. 10. 11
型钢控制系统的研发与应用	自动化公司	国际先进	2014. 10. 11
烧结环保节能新技术的集成应用	炼铁部	国际先进	2014. 10. 11
薄板坯连铸连轧工艺生产无取向电工钢质量提升技术与开发	技术中心	国际先进	2014. 10. 11

续附表 6

2015 年获得省级科技成果项目

项　目	冶金科学技术奖	省科技进步奖	省冶金科学技术奖	唐山市科技进步奖
小方坯连铸机与棒材轧机之间的“界面技术”优化	三等奖		二等奖	三等奖
型钢控制系统的研发与应用	三等奖		一等奖	二等奖
烧结环保节能新技术的集成应用			一等奖	
薄板坯连铸连轧工艺生产无取向电工钢质量提升技术与开发		一等奖	一等奖	一等奖
镀锡基板生产工艺研究与优化			二等奖	二等奖
向量机炼焦煤岩配煤优化系统开发及应用			三等奖	一等奖
血清钙调蛋白、超敏 C 反应蛋白与急性缺血性脑卒中的研究			二等奖	
一种免退火型中高碳钢板制造工艺			三等奖	
控制退火温度生产 390-500 兆帕结构级镀锌产品方法			三等奖	
利用优化反馈数据提高轧机板形设定及动态控制精度			三等奖	

附表7　2014~2015年公司本部主要产品产量

项　目	单　位	完成情况	
		2014年	2015年
一、人造富矿	吨	10701817	10910555
炼铁部南区	吨	3546411	3448952
球团矿	吨	3546411	3448952
炼铁部北区	吨	7155406	7461603
1号烧结机	吨	1691888	1507073
2号烧结机	吨	1668685	1537320
3号烧结机	吨	1966372	2536124
新1号烧结机	吨	1828461	1881086
二、炼铁			
合格生铁	吨	7654415	7986381
炼铁部南区	吨	2716632	2651969
3200高炉	吨	2716632	2651969
炼铁部北区	吨	4937783	5334412
1号2000高炉	吨	1665409	1415328
2号2000高炉	吨	1459604	1647728
新3号3200高炉	吨	1812770	2271356
出格生铁	吨		
炼铁部北区	吨		
炼铁水渣	吨	2663960	2632415
炼铁部南区	吨	944149	880103
炼铁部北区	吨	1719811	1752312
商品量	吨	2627239	2611390
炼铁部南区	吨	968478	907235

续附表 7

项 目	单 位	完成情况	
		2014 年	2015 年
炼铁部北区	吨	1658761	1704155
三、钢	吨	7275217	7594475
热轧部	吨	4840253	4990913
薄板坯	吨	2068762	2158498
中宽带坯	吨	2771491	2832415
长材部	吨	2434964	2603562
一期	吨	631796	
二期	吨	502768	691974
三期	吨	1300400	1911588
四、钢材、钢坯			
钢压延加工总量	吨	15062618	14913068
商品材坯	吨	7851665	7966220
钢材	吨	7555924	7782453
连铸坯	吨	295741	183767
连铸方坯	吨	96055	273
中宽带坯	吨	199686	183494
热轧部：热轧板卷加工量	吨	5729713	5653063
商品板卷	吨	2340330	2422277
供冷轧厂	吨	3389383	3230786
1810 线热轧板卷加工量	吨	2046917	2135704
商品板卷	吨	911007	1078502
供平整、冷轧	吨	1135910	1057202
1700 线热轧板卷加工量	吨	2513495	2594458

续附表 7

项　目	单　位	完成情况	
		2014 年	2015 年
商品板卷	吨	722358	827090
供平整、冷轧	吨	1791137	1767368
平整分卷一线加工量	吨	595132	364481
商品板卷	吨	333847	183037
供冷轧	吨	261285	181444
平整分卷二线加工量	吨	574169	558420
商品板卷	吨	373118	333648
供冷轧厂	吨	201051	224772
长材部加工量	吨	2320561	2523299
成品材	吨	2320561	2523299
一线材	吨	332725	173
二线材	吨	285084	
三线材	吨	49222	421117
四线材	吨	5722	
一棒材	吨	671769	804601
二棒材	吨	601552	863537
中型材	吨	374537	433871
钢材	吨	374537	433871
型钢部加工量	吨	401589	357681
钢材	吨	401589	356700
冷轧部加工量	吨	6610755	6379025
成品钢材	吨	2493444	2480177
2 号酸洗加工量	吨	625517	439387

续附表 7

项　目	单　位	完成情况	
		2014 年	2015 年
成品材	吨	321676	264177
酸轧连机加工量	吨	1879945	2014887
成品材	吨	86178	118738
单机架冷轧加工量	吨	200981	70489
成品材	吨	566	631
罩式退火加工量	吨	913147	883213
平整机组加工量	吨	903508	874418
成品材	吨	20	
重卷加工量	吨	892468	864391
成品材	吨	892468	864391
1 号镀锌卷加工量	吨	394483	358015
成品材	吨	394483	358015
2 号镀锌卷加工量	吨	301075	356637
成品材	吨	301075	356637
3 号镀锌卷加工量	吨	496839	517588
成品材	吨	494186	517588
涂层加工量	吨	2792	
成品材	吨	2792	
五、其他副产品			
发电量	万千瓦时	209518	198118
动力部	万千瓦时	89824	81583
炼铁部	万千瓦时	119694	116535
南区	万千瓦时	14134	13141
北区	万千瓦时	105560	103394

附表 8　2014~2015 年公司本部主要技术经济指标完成情况

项　目	单　位	完成情况	
		2014 年	2015 年
高炉综合指标			
生铁合格率	%	100.00	100.00
综合入炉焦比	千克/吨	509.85	504.56
入炉焦比	千克/吨	364.22	360.69
喷吹煤粉	千克/吨	135.87	139.03
炼铁电力消耗	千瓦时/吨	25.06	27.55
高炉利用系数	吨/(米^3·日)	2.13	2.16
入炉矿石消耗	千克/吨	1670.35	1655.96
入炉矿石品位	%	57.40	57.93
炼铁从业人员实物劳效	吨/人	15635.23	17925.42
炼铁工序单位能耗（标煤）	千克/吨	391.20	389.23
烧结综合指标			
烧结矿合格率	%	99.99	99.85
烧结矿品位	%	55.51	56.13
烧结机利用系数	吨/(米^2·台·时)	1.19	1.21
烧结机日历作业率	%	88.65	87.24
烧结矿含铁原料消耗	千克/吨	898.91	907.64
其中：铁精粉消耗	千克/吨	242.64	236.52
富矿粉消耗	千克/吨	524.44	533.41
其他含铁原料	千克/吨	131.83	137.71
烧结电力消耗	千瓦时/吨	37.55	38.36
烧结从业人员实物劳效	吨/人	30664.23	33989.27
烧结工序单位能耗（标煤）	千克/吨	43.02	42.83
炼铁南区高炉指标			
生铁合格率	%	100.00	100.00
综合入炉焦比	千克/吨	489.33	495.77
入炉焦比	千克/吨	338.34	354.78

续附表 8

项　目	单　位	完成情况	
		2014 年	2015 年
喷吹煤粉	千克/吨	139.90	135.83
炼铁电力消耗	千瓦时/吨	26.09	26.28
入炉矿石消耗	千克/吨	1668.49	1655.21
入炉矿石品位	%	57.53	58.11
高炉利用系数	吨/(米^3·日)	2.33	2.27
炼铁从业人员实物劳效	吨/人	22454.82	23897.29
炼铁工序单位能耗（标煤）	千克/吨	364.38	378.71
炼铁南区烧结指标			
烧结矿合格率	%	100.00	99.91
烧结矿品位	%	55.44	56.21
烧结机利用系数	吨/(米^2·台·时)	1.16	1.15
烧结机日历作业率	%	96.84	94.93
烧结矿含铁原料消耗	千克/吨	899.07	895.37
其中：铁精粉消耗	千克/吨	254.60	228.58
富矿粉消耗	千克/吨	505.99	546.61
其他含铁原料	千克/吨	138.48	120.18
烧结电力消耗	千瓦时/吨	40.40	41.19
烧结从业人员实物劳效	吨/人	58571.55	56783.63
烧结工序单位能耗（标煤）	千克/吨	42.36	43.57
炼铁北区炼铁指标			
生铁合格率	%	100.00	100.00
1 号炉	%	100.00	100.00
2 号炉	%	100.00	100.00
3 号炉	%	100.00	100.00
综合入炉焦比	千克/吨	521.14	508.94
1 号炉	千克/吨	504.00	505.96
2 号炉	千克/吨	531.61	500.78

续附表 8

项　目	单　位	完成情况	
		2014 年	2015 年
3 号炉	千克/吨	528.46	516.71
入炉焦比	千克/吨	378.47	363.63
1 号炉	千克/吨	357.96	363.25
2 号炉	千克/吨	393.23	364.18
3 号炉	千克/吨	385.42	363.47
喷吹煤粉	千克/吨	133.66	140.62
1 号炉	千克/吨	149.95	146.25
2 号炉	千克/吨	129.65	137.28
3 号炉	千克/吨	121.93	139.54
炼铁电力消耗	千瓦时/吨	24.50	28.18
1 号炉	千瓦时/吨	18.86	20.11
2 号炉	千瓦时/吨	27.71	33.43
3 号炉	千瓦时/吨	27.09	29.39
入炉矿石消耗	千克/吨	1671.38	1656.33
1 号炉	千克/吨	1675.74	1661.69
2 号炉	千克/吨	1669.21	1652.18
3 号炉	千克/吨	1669.12	1655.99
入炉矿石品位	%	57.33	57.85
1 号炉	%	57.18	57.66
2 号炉	%	57.40	57.99
3 号炉	%	57.41	57.86
高炉利用系数	吨/(米^3·日)	2.03	2.10
1 号炉	吨/(米^3·日)	2.28	2.22
2 号炉	吨/(米^3·日)	2.03	2.26
3 号炉	吨/(米^3·日)	1.85	1.95
炼铁从业人员实物劳效	吨/人	13413.26	15959.04
炼铁工序单位能耗（标煤）	千克/吨	405.96	396.76

续附表 8

项目	单位	完成情况	
		2014 年	2015 年
炼铁北区烧结指标			
烧结矿合格率	%	99.99	99.82
1 号机	%	100.00	99.71
2 号机	%	100.00	99.88
3 号机	%	100.00	99.80
新 1 号机	%	99.95	99.90
烧结矿品位	%	55.54	56.09
1 号机	%	55.52	55.99
2 号机	%	55.54	56.00
3 号机	%	55.52	56.13
新 1 号机	%	55.59	56.17
烧结机利用系数	吨/(米^2·台·时)	1.21	1.23
1 号机	吨/(米^2·台·时)	1.25	1.22
2 号机	吨/(米^2·台·时)	1.25	1.22
3 号机	吨/(米^2·台·时)	1.08	1.19
新 1 号机	吨/(米^2·台·时)	1.28	1.31
烧结机日历作业率	%	86.56	85.32
1 号机	%	86.07	78.38
2 号机	%	84.73	80.26
3 号机	%	85.02	91.71
新 1 号机	%	90.31	90.94
烧结机台时产量	吨/(台·时)	240.52	249.58
1 号机	吨/(台·时)	224.40	219.50
2 号机	吨/(台·时)	224.83	218.67
3 号机	吨/(台·时)	285.95	315.69
新 1 号机	吨/(台·时)	231.12	236.12
烧结矿含铁原料消耗	千克/吨	898.84	913.31

续附表 8

项　目	单　位	完成情况	
		2014 年	2015 年
1 号机	千克/吨	899.37	912.87
2 号机	千克/吨	899.42	912.44
3 号机	千克/吨	897.91	913.72
新 1 号机	千克/吨	898.80	913.82
其中：铁精粉消耗	千克/吨	236.70	240.19
1 号机	千克/吨	239.68	237.90
2 号机	千克/吨	238.75	236.94
3 号机	千克/吨	229.87	241.37
新 1 号机	千克/吨	239.43	243.10
其中：富矿粉消耗	千克/吨	533.58	527.31
1 号机	千克/吨	530.66	529.49
2 号机	千克/吨	532.24	528.64
3 号机	千克/吨	538.86	526.09
新 1 号机	千克/吨	531.82	526.14
其中：其他含铁原料	千克/吨	128.55	145.81
1 号机	千克/吨	129.03	145.48
2 号机	千克/吨	128.42	146.86
3 号机	千克/吨	129.18	146.27
新 1 号机	千克/吨	127.55	144.58
烧结电力消耗	千瓦时/吨	36.13	37.05
1 号机	千瓦时/吨	38.16	37.84
2 号机	千瓦时/吨	36.34	34.33
3 号机	千瓦时/吨	38.39	40.61
新 1 号机	千瓦时/吨	31.63	33.83
烧结从业人员实物劳效	吨/人	25089.38	28693.71
烧结工序单位能耗（标煤）	千克/吨	43.35	42.49
炼钢综合指标			

续附表 8

项　目	单　位	完成情况	
		2014 年	2015 年
连铸坯合格率	%	99.98	99.97
转炉日历利用系数	吨/(公称吨·日)	29.75	32.26
金属料消耗	千克/吨	1076.96	1077.19
钢铁料消耗	千克/吨	1062.52	1061.84
生铁消耗	千克/吨	1040.98	1040.15
其中：铁水	千克/吨	1015.76	1012.15
合格铁块	千克/吨	25.22	27.99
废钢铁消耗	千克/吨	21.55	21.69
其他含铁原料	千克/吨	1.52	1.29
合金料消耗	千克/吨	12.92	14.06
氧气消耗	$米^3$/吨	54.54	53.83
白灰消耗	千克/吨	39.81	42.21
转炉炉衬寿命	炉	9908.13	8141.17
炼钢电力消耗	千瓦时/吨	47.17	45.27
连铸机机时产量	吨/(台·时)	166.16	167.79
连铸机日历作业率	%	56.89	73.81
炼钢从业人员实物劳效	吨/人	2573.90	2901.45
炼钢工序单位能耗（标煤）	千克/吨	−23.06	−23.82
热轧部			
连铸坯合格率	%	100.00	100.00
转炉日历利用系数	吨/(公称吨·日)	29.47	30.39
金属料消耗	千克/吨	1071.53	1070.83
钢铁料消耗	千克/吨	1064.81	1063.65
生铁消耗	千克/吨	1043.91	1045.21
其中：铁水	千克/吨	1010.58	1008.62
合格铁块	千克/吨	33.33	36.57
废钢铁消耗	千克/吨	20.90	18.44

续附表 8

项　目	单　位	完成情况	
		2014 年	2015 年
合金料消耗	千克/吨	6.72	7.18
氧气消耗	米³/吨	52.89	52.72
白灰消耗	千克/吨	39.73	41.75
转炉炉衬寿命	炉	8080.25	7957.00
炼钢电力消耗	千瓦时/吨	51.45	49.99
连铸机机时产量	吨/(台·时)	206.37	199.10
连铸机日历作业率	%	66.94	71.54
炼钢从业人员实物劳效	吨/人	3383.25	3527.79
炼钢工序单位能耗（标煤）	千克/吨	−22.82	−23.85
长材部			
连铸坯合格率	%	99.94	99.93
转炉日历利用系数	吨/(公称吨·日)	30.32	36.58
金属料消耗	千克/吨	1086.51	1087.49
钢铁料消耗	千克/吨	1058.50	1058.92
生铁消耗	千克/吨	1035.82	1031.96
其中：铁水	千克/吨	1024.87	1017.86
合格铁块	千克/吨	10.96	14.10
废钢铁消耗	千克/吨	22.68	26.96
其他含铁原料	千克/吨	4.19	3.37
合金料消耗	千克/吨	23.83	25.20
氧气消耗	米³/吨	57.45	55.63
白灰消耗	千克/吨	39.94	42.97
转炉炉衬寿命	炉	11736.00	8233.25
炼钢电力消耗	千瓦时/吨	39.65	37.63
连铸机机时产量	吨/(台·时)	119.77	128.93
连铸机日历作业率	%	48.49	76.84
炼钢从业人员实物劳效	吨/人	1746.85	2166.99

续附表 8

项　目	单　位	完成情况	
		2014 年	2015 年
炼钢工序单位能耗（标煤）	千克/吨	−23.54	−23.74
轧钢综合指标			
钢材综合合格率	%	99.99	99.98
轧钢综合成材率	%	96.69	96.65
轧钢综合电耗	千瓦时/吨	94.99	90.23
轧钢综合煤气消耗	米³/吨	181.82	201.99
轧机日历作业率	%	67.23	73.32
轧钢从业人员实物劳效	吨/人	2016.92	2453.28
轧钢工序单位能耗（标煤）	千克/吨	53.67	51.62
中型轧钢			
钢材合格率	%	99.94	99.92
钢材成材率	%	94.33	93.67
轧钢综合煤气消耗	米³/吨	424.84	424.49
轧钢综合电耗	千瓦时/吨	54.64	60.17
轧机日历作业率	%	63.63	78.76
轧机机时产量	吨/(台·时)	67.06	62.85
轧钢工序单位能耗（标煤）	千克/吨	53.46	53.64
轧钢从业人员实物劳效	吨/人	893.71	1022.27
一线材			
钢材合格率	%	99.96	100.00
钢材成材率	%	97.12	86.34
钢材电耗	千瓦时/吨	118.60	
钢材煤气消耗	米³/吨	186.45	
轧机日历作业率	%	74.06	
轧机机时产量	吨/(台·时)	51.29	
轧钢从业人员实物劳效	吨/人	976.69	
轧钢工序单位能耗（标煤）	千克/吨	68.80	

续附表 8

项　目	单　位	完成情况	
		2014 年	2015 年
二线材			
钢材合格率	%	100.00	
钢材成材率	%	97.67	
钢材电耗	千瓦时/吨	114.08	
钢材煤气消耗	米^3/吨	173.74	
轧机日历作业率	%	53.46	
轧机机时产量	吨/(台·时)	73.09	
轧钢从业人员实物劳效	吨/人	836.52	
轧钢工序单位能耗（标煤）	千克/吨	65.22	
三线材			
钢材合格率	%	100.00	100.00
钢材成材率	%	97.65	97.46
钢材电耗	千瓦时/吨	140.67	148.62
钢材煤气消耗	米^3/吨	417.05	451.57
轧机日历作业率	%	53.15	77.81
轧机机时产量	吨/(台·时)	63.25	61.79
轧钢从业人员实物劳效	吨/人	2524.20	3599.29
轧钢工序单位能耗（标煤）	千克/吨	58.86	65.70
一棒材			
钢材合格率	%	99.99	99.96
钢材成材率	%	100.58	100.05
钢材电耗	千瓦时/吨	58.64	60.00
钢材煤气消耗	米^3/吨	144.33	183.81
轧机日历作业率	%	53.31	71.33
轧机机时产量	吨/(台·时)	143.85	128.77
轧钢从业人员实物劳效	吨/人	1981.47	2373.46
轧钢工序单位能耗（标煤）	千克/吨	39.26	45.93

续附表 8

项　目	单　位	完成情况	
		2014 年	2015 年
二棒材			
钢材合格率	%	99.99	99.97
钢材成材率	%	100.49	100.07
钢材电耗	千瓦时/吨	53.43	49.96
钢材煤气消耗	米^3/吨	61.58	61.33
轧机日历作业率	%	44.38	63.45
轧机机时产量	吨/(台·时)	154.74	155.35
轧钢从业人员实物劳效	吨/人	1699.30	2439.37
轧钢工序单位能耗（标煤）	千克/吨	24.37	22.12
热轧薄板			
钢材合格率	%	100.00	100.00
钢材成材率	%	98.41	98.42
钢材电耗	千瓦时/吨	66.90	64.59
钢材煤气消耗	米^3/吨	168.70	136.15
轧机日历作业率	%	78.67	78.09
轧机机时产量	吨/(台·时)	330.88	345.80
轧钢从业人员实物劳效	吨/人	7600.69	7883.60
轧钢工序单位能耗（标煤）	千克/吨	40.09	35.71
冷轧薄板厂			
酸轧连机			
钢材合格率	%	100.00	100.00
钢材成材率	%	96.81	96.62
钢材电耗	千瓦时/吨	53.96	51.74
轧机日历作业率	%	84.52	83.23
轧机机时产量	吨/(台·时)	253.91	276.36
轧钢从业人员实物劳效	吨/人	10804.28	13343.62
轧钢工序单位能耗（标煤）	千克/吨	14.27	13.97

附表 9　2014~2015 年子分公司经营情况

附表 9-1　2014~2015 年不锈钢公司主要指标完成情况（一）

指标名称	单　位	2014 年	2015 年
一、工业产值			
工业总产值（现价）	万元	737129	563682
销售产值（现价）	万元	741967	564059
工业增加值	万元	154344	74813
二、主要产品产量			
烧结矿	吨	3259307	3663634
生铁	吨	2341764	2591554
粗钢	吨	2306666	2592936
商品材坯	吨	2658991	2735048
钢材	吨	2647452	2735048
热轧宽钢带	吨	2342390	2658156
线材	吨	211958	
冷轧薄宽钢带	吨	6997	
平整切板	吨	86108	76893
商品连铸坯	吨	11539	
企业自发电量	万千瓦时	34505	36612
三、销售及库存			
钢材销售量	吨	2633291	2740304
钢材库存量	吨	15539	10283
钢坯销售量	吨	11539	
钢坯库存量	吨	25921	9912
钢材销售率（实物）	%	99.47	96.98
钢材销售率（价值）	%	100.66	100.19

续附表 9-1

指标名称	单位	2014 年	2015 年
四、能耗			
能源消耗总量（标煤）	吨	1295884	1441610
万元产值能耗（标煤）	吨/万元	1.76	2.56
万元增加值能耗（标煤）	吨/万元	8.40	19.27
吨钢综合能耗（标煤）	千克/吨	561.80	555.98
吨钢可比能耗（标煤）	千克/吨	518.59	504.58
吨钢耗电	千瓦时/吨	457.94	460.94
吨钢耗新水	米^3/吨	5.33	4.87
五、财务			
营业收入	万元	761029	566113
营业税金及附加	万元	400	610
利税总额	万元	9525	5525
其中：利润总额	万元	658	-1122
应交税金	万元	8867	6647
管理费用	万元	49504	51491
财务费用	万元	4500	4113
销售费用	万元	3180	2863
净利润	万元	533	-1435
资产合计	万元	1148076	1287885
流动资产合计	万元	81357	121913
应收账款	万元	5023	10614
预付账款	万元	18307	21169
存货	万元	24534	13441
固定资产	万元	1320351	1413906

续附表 9-1

指标名称	单位	2014 年	2015 年
负债合计	万元	842233	983498
流动负债合计	万元	753950	946492
资产负债率	%	73.36	76.37
流动比率	%	10.79	12.88
速动比率	%	7.54	11.46
六、劳动工资			
全员劳动生产率（现价）	元/(人·年)	1801831	1454663
全员劳动生产率（增加值）	元/(人·年)	377277	193066
年末全部从业人员	人	4285	4044
全部从业人员平均人数	人	4452	4077
全部从业人员工资总额	万元	26926	27921
年末全部职工人数	人	4073	3846
全部职工平均人数	人	4091	3875
全部职工工资总额	万元	24066	24046
七、固定资产投资			
本年固定资产投资完成额	万元		
八、安全环保			
千人负伤率	‰	3.18	0.74
千人工亡率	‰		
死亡人数	人		
工业废水排放处理率	%	100	100
工业废气排放处理率	%	100	100
污染物综合排放合格率	%	100	100

附表 9-2　2014~2015 年不锈钢公司主要指标完成情况（二）

指标名称	单　位	2014 年	2015 年
一、烧结			
烧结矿合格率	%	100	100
烧结矿品位	%	55.62	55.86
烧结机有效面积利用系数	吨/(米^2·台·时)	1.420	1.482
烧结机日历作业率	%	83.72	88.82
烧结机台时合格产出量	吨/(台·时)	111.1	117.71
烧结矿含铁原料消耗	千克/吨	931.79	927.54
其中：铁精粉消耗	千克/吨	228.00	231.97
富矿粉消耗	千克/吨	530.58	507.85
其他含铁原料消耗	千克/吨	173.20	187.72
烧结电力消耗	千瓦时/吨	49.64	50.79
烧结从业人员实物劳动生产率	吨/(人·年)	15118.55	16857.21
烧结工序单位能耗（标煤）	千克/吨	52.92	52.38
二、高炉炼铁			
生铁合格率	%	100	100
综合入炉焦比	千克/吨	505.27	500.37
入炉焦比	千克/吨	388.05	385.20
喷煤比	千克/吨	144.48	141.07
电力消耗	千瓦时/吨	19.35	21.23
入炉矿石消耗	千克/吨	1665.99	1664.31
人造块矿消耗	千克/吨	1458.70	1426.41
烧结矿消耗	千克/吨	1264.00	1295.04
球团矿消耗	千克/吨	194.70	131.37
天然矿石消耗	千克/吨	207.29	237.90
入炉矿石品位	%	57.39	57.37
高炉有效容积利用系数	吨/(米^3·日)	3.542	3.623
炼铁从业人员实物劳动生产率	吨/(人·年)	5001.99	5577.23
炼铁工序单位能耗（标煤）	千克/吨	418.86	409.13

续附表 9-2

指标名称	单位	2014年	2015年
三、炼钢指标			
连铸坯合格率	%	99.97	100
转炉日历利用系数	吨/(公称吨·日)	21.07	23.68
金属料消耗	千克/吨	1072.09	1066.82
钢铁料消耗	千克/吨	1065.18	1060.28
生铁消耗	千克/吨	1033.35	1019.47
高炉铁水	千克/吨	1011.57	983.63
合格铁块	千克/吨	21.77	35.84
废钢铁消耗	千克/吨	31.83	40.81
合金料消耗	千克/吨	6.91	6.54
氧气消耗	米^3/吨	55.71	52.81
冶金石灰消耗	千克/吨	38.12	41.24
转炉炉衬寿命	炉/次	8331	7594
电力消耗	千瓦时/吨	21.96	23.61
连铸机台时合格产出量	吨/(台·时)	133.94	136.13
连铸机日历作业率	%	51.38	54.36
炼钢从业人员实物劳动生产率	吨/(人·年)	3951.46	3505.94
炼钢工序单位能耗（标煤）	千克/吨	-23.30	-22.85
四、轧钢			
钢材合格率	%	99.61	99.71
钢材成材率	%	97.96	98.18
轧钢电耗	千瓦时/吨	102.64	93.50
轧钢煤气消耗	米^3/吨	384.10	370.03
轧机日历作业率	%	42.44	72.50
轧钢从业人员实物劳动生产率	吨/(人·年)	5080.63	9391.66
轧钢工序单位能耗（标煤）	千克/吨	48.73	44.84

附表 9-3　2014~2015 年中厚板公司主要指标完成情况（一）

指标名称	单　位	2014 年	2015 年
一、工业产值			
工业总产值（现价）	万元	748375	400247
销售产值（现价）	万元	7391649	393190
其中：出口交货值	万元	508917	23977
工业增加值	万元	72553	44610
二、主要产品产量			
烧结矿	吨	3757037	3621949
球团矿	吨	500022	413045
生铁	吨	2732800	2638047
粗钢	吨	2756962	2624650
商品材坯	吨	2716154	2088753
钢材	吨	2397932	2032737
商品连铸坯	吨	318222	56015
企业自发电量	万千瓦时	55728	40655
三、销售及库存			
钢材销售量	吨	2415252	2021103
钢材库存量	吨	20935	33228
钢坯销售量	吨	318222	56015
钢坯库存量	吨	14276	71682
钢材销售率（实物）	%	98. 77	99. 43
钢材销售率（价值）	%	98. 77	99. 43
四、能耗			
能源消耗总量（标煤）	吨	1485500	1407000
万元产值能耗（标煤）	吨/万元	1. 99	3. 52
万元增加值能耗（标煤）	吨/万元	20. 48	31. 54
吨钢综合能耗（标煤）	千克/吨	538. 84	536. 07
吨钢可比能耗（标煤）	千克/吨	498. 10	517. 63
吨钢耗电	千瓦时/吨	457. 01	469. 31

续附表 9-3

指标名称	单位	2014年	2015年
吨钢耗新水	米^3/吨	2.65	2.76
五、财务			
主营业务收入	万元	743198	473993
主营业务税金及附加	万元	305	1055
利税总额	万元	12206	-29349
其中：利润总额	万元	4239	-29990
税金	万元	7967	642
管理费用	万元	53601	29696
财务费用	万元	27064	31803
销售费用	万元	3118	4351
净利润	万元	2968	-29646
资产合计	万元	1431324	1507639
流动资产合计	万元	241603	201981
应收账款	万元	33969	17402
预付账款	万元	42621	44815
存货	万元	28200	32918
固定资产原值	万元	1180098	1362586
负债合计	万元	1189109	1295807
流动负债合计	万元	914853	959696
非流动负债合计	万元	274256	336111
总资产贡献率	%	2.30	85.95
成本费用利润率	%	0.56	-5.82
资本保值增值率	%	101.24	87.72
资产负债率	%	83.08	85.95
流动比率	%	26.41	21.05
速动比率	%	18.67	12.02
息税后资产收益率	%	0.31	-14.00
流动资金周转次数	次	2.80	2.10

续附表 9-3

指标名称	单位	2014年	2015年
应收账款周转次数	次	25.91	18.14
六、劳动工资			
从业人员劳动生产率（产值）	元/(人·年)	2149885	1200862
从业人员劳动生产率（增加值）	元/(人·年)	208426	133844
年末全部从业人员	人	3439	3455
全部从业人员平均人数	人	3481	3333
全部从业人员工资总额	万元	24877	25737
年末全部职工人数	人	2046	2121
全部职工平均人数	人	2088	2000
全部职工工资总额	万元	13555	14042
七、固定资产投资			
本年固定资产投资完成额	万元	67331	77406
八、安全环保			
千人负伤率	‰	0	0.47
千人工亡率	‰	0	0
死亡人数	人	0	0
工业废水排放处理率	%	100	100
工业废气排放处理率	%	100	100
污染物综合排放合格率	%	100	100
九、外经外贸			
出口创汇率	%	6.89	6.10
钢铁产品出口额	万美元	9307	4071
其中：钢材	万美元	9307	4071
钢铁产品出口量	吨	187902	122607
其中：钢材	吨	187902	122607

附表 9-4　2014~2015 年中厚板公司主要指标完成情况（二）

指标名称	单　位	2014 年	2015 年
一、烧结			
烧结矿合格率	%	98.45	97.06
烧结矿品位	%	55.76	56.43
烧结机有效面积利用系数	吨/(米^2·台·时)	1.12	1.15
烧结机日历作业率	%	94.82	93.25
烧结机台时合格产出量	吨/(台·时)	234.17	242.28
烧结矿含铁原料消耗	千克/吨	935.17	909.82
其中：铁精粉消耗	千克/吨	200.71	193.90
富矿粉消耗	千克/吨	570.50	530.55
其他含铁原料消耗	千克/吨	163.96	185.38
烧结电力消耗	千瓦时/吨	39.36	43.92
烧结从业人员实物劳动生产率	吨/(人·年)	46962.97	44125.45
烧结工序单位能耗（标煤）	千克/吨	43.49	45.94
二、高炉炼铁			
生铁合格率	%	99.86	92.52
综合焦比	千克/吨	492.29	485.99
入炉焦比	千克/吨	350.49	359.37
入炉焦丁比	千克/吨	31.82	27.57
喷煤比	千克/吨	145.43	126.95
电力消耗	千瓦时/吨	26.35	26.63
入炉矿石消耗	千克/吨	1662.72	1656.94
人造块矿消耗	千克/吨	1409.27	1397.47
烧结矿消耗	千克/吨	1208.25	1243.69
球团矿消耗	千克/吨	201.02	153.78
天然矿石消耗	千克/吨	253.45	259.47
入炉矿石品位	%	57.53	57.86
高炉有效容积利用系数	吨/(米^3·日)	2.25	2.14
炼铁从业人员实物劳动生产率	吨/(人·年)	26276.93	25365.84

续附表 9-4

指标名称	单位	2014 年	2015 年
炼铁工序单位能耗（标煤）	千克/吨	418.35	410.20
三、炼钢指标：			
连铸坯合格率	%	99.99	99.97
转炉日历利用系数	吨/(公称吨·日)	20.98	19.98
金属料消耗	千克/吨	1078.78	1094.80
钢铁料消耗	千克/吨	1065.88	1080.69
生铁消耗	千克/吨	1009.86	1021.92
高炉铁水	千克/吨	991.92	1008.38
合格铁块	千克/吨	17.94	13.54
废钢铁消耗	千克/吨	56.02	58.77
其他含铁原料消耗	千克/吨	0.00	0.00
合金料消耗	千克/吨	12.90	14.11
氧气消耗	米^3/吨	51.99	53.79
冶金石灰消耗	千克/吨	26.96	29.25
电力消耗	千瓦时/吨	60.98	57.33
连铸机台时合格产出量	吨/(台·时)	180.65	171.36
连铸机日历作业率	%	58.07	58.28
炼钢从业人员实物劳动生产率	吨/(人·年)	18019.36	19275.23
炼钢工序单位能耗（标煤）	千克/吨	-20.47	-18.68
四、轧钢			
钢材合格率	%	99.97	99.81
钢材成材率	%	94.50	94.09
电力消耗	千瓦时/吨	39.13	42.47
轧机日历作业率	%	77.39	76.73
轧钢从业人员实物劳动生产率	吨/(人·年)	5733.25	5615.30
轧钢工序单位能耗（标煤）	千克/吨	35.13	40.08

附表 9-5　2014~2015 年唐银公司主要指标完成情况（一）

指标名称	单位	2014 年	2015 年
一、工业产值			
工业总产值（现价）	万元	701248	450106
工业销售产值（现价）	万元	677842	462313
工业增加值	万元	92827	35635
二、主要产品产量			
烧结铁矿	吨	3835054	3711512
生铁	吨	2841481	2730146
粗钢	吨	2755883	2612285
钢材	吨	2708754	2475105
热轧窄钢带	吨	1031907	946107
钢筋	吨	904393	759045
线材	吨	772455	769953
企业自发电量	万千瓦时	41365	32937
三、销售及库存			
钢材销售量	吨	2620367	2547402
钢材库存量	吨	88387	16090
钢坯销售量	吨	47849	121569
钢坯库存量	吨	6696	6188
产品销售率（实物）	%	96.74	102.92
产品销售率（价值）	%	96.66	102.71
四、能耗			
能源消耗总量（标煤）	吨	1645300	1433100
万元产值能耗（标煤）	吨/万元	2.35	3.18
万元增加值能耗（标煤）	吨/万元	17.72	40.22
吨钢综合能耗（标煤）	千克/吨	562.37	548.41

续附表 9-5

指标名称	单位	2014年	2015年
吨钢可比能耗（标煤）	千克/吨	539.68	513.52
吨钢耗新水	$米^3$/吨	3.19	3.29
五、财务			
主营业务收入	万元	705430	482832
主营业务税金及附加	万元	1235	979
利税总额	万元	22863	-18601
其中：利润总额	万元	10502	-26340
应交税金	万元	14789	7753
管理费用	万元	36893	21099
财务费用	万元	-6511	-6941
销售费用	万元	3946	4607
净利润	万元	8073	-26355
资产合计	万元	421097	317007
负债合计	万元	150018	72541
成本费用利润率	%	1.16	-3.65
资产负债率	%	35.63	22.88
流动比率	%	167.77	212.74
速动比率	%	125.92	176.05
七、劳动工资			
全部从业人员劳动生产率（现价）	元/(人·年)	1907639	1246485
全部从业人员劳动生产率（增加值）	元/(人·年)	252522	98685
年末全部从业人员	人	3651	3569
全部从业人员平均人数	人	3676	3611
全部从业人员工资总额	万元	26525	27455

附表 9-6　2014~2015 年唐银公司主要指标完成情况（二）

指标名称	单　位	2014 年	2015 年
一、烧结			
烧结矿合格率	%	100.00	100.00
烧结矿品位	%	51.81	53.84
烧结机有效面积利用数	吨/(米^2·台·时)	1.58	1.55
烧结机日历作业率	%	89.71	89.55
烧结机台时合格产出量	吨/(台·时)	162.67	157.7
烧结矿含铁原料消耗	千克/吨	869.34	925.99
其中：铁精粉消耗	千克/吨	1.52	1.16
富矿粉消耗	千克/吨	712.40	735.26
其他含铁原料消耗	千克/吨	155.42	189.56
烧结电力消耗	千瓦时/吨	46.02	44.39
烧结从业人员实物劳动生产率	吨/(人·年)	19870.74	19230.64
烧结工序单位能耗（标煤）	千克/吨	53.87	49.39
二、高炉炼铁			
生铁合格率	%	100.00	100.00
综合焦比	千克/吨	535.24	506.97
入炉焦比	千克/吨	428.70	415.19
入炉焦丁比	千克/吨	2.36	2.73
喷煤比	千克/吨	130.81	112.00
电力消耗	千瓦时/吨	110.95	107.88
入炉矿石消耗	千克/吨	1709.44	1701.67
人造块矿消耗	千克/吨	1434.14	1425.09
烧结矿消耗	千克/吨	1229.32	1230.84
球团矿消耗	千克/吨	204.82	194.25

续附表 9-6

指 标 名 称	单 位	2014 年	2015 年
天然矿石消耗	千克/吨	275.29	276.58
入炉矿石品位	%	54.69	56.25
高炉有效容积利用系数	吨/(米^3·日)	2.983	2.915
炼铁从业人员实物劳动生产率	吨/(人·年)	4873.90	4786.23
炼铁工序单位能耗（标煤）	千克/吨	414.04	397.73
三、炼钢指标			
连铸坯合格率	%	99.99	99.95
转炉日历利用系数	吨/(公称吨·日)	31.46	29.74
金属料消耗	千克/吨	1088.30	1081.18
钢铁料消耗	千克/吨	1059.13	1056.48
生铁消耗	千克/吨	1046.57	1045.67
高炉铁水	千克/吨	1012.33	1013.88
合格铁块	千克/吨	34.24	31.79
废钢铁消耗	千克/吨	12.57	10.81
其他含铁原料消耗	千克/吨	11.63	8.31
合金料消耗	千克/吨	17.54	16.39
氧气消耗	米^3/吨	55.71	55.68
冶金石灰消耗	千克/吨	46.09	38.55
电力消耗	千瓦时/吨	39.32	39.71
连铸机台时合格产出量	吨/(台·时)	193.71	195.86
连铸机日历作业率	%	81.20	76.13
炼钢从业人员实物劳动生产率	吨/(人·年)	38815.25	36792.74
炼钢工序单位能耗（标煤）	千克/吨	-19.88	-18.76
四、轧钢			

续附表 9-6

指标名称	单　位	2014 年	2015 年
钢材合格率	%	99.96	99.95
钢材成材率	%	99.13	99.11
电力消耗	千瓦时/吨	75.41	78.26
轧机日历作业率	%	66.45	60.63
轧钢从业人员实物劳动生产率	吨/(人·年)	5332.19	4872.25
轧钢工序单位能耗（标煤）	千克/吨	42.71	41.90
钢筋			
钢材合格率	%	99.99	99.99
钢材成材率	%	100.54	100.67
电力消耗	千瓦时/吨	53.02	54.17
轧机日历作业率	%	72.67	58.34
工序单位能耗（标煤）	千克/吨	40.33	39.52
窄带钢			
钢材合格率	%	99.97	99.96
钢材成材率	%	98.46	98.45
电力消耗	千瓦时/吨	67.05	70.03
轧机日历作业率	%	73.67	71.54
工序单位能耗（标煤）	千克/吨	42.65	42.53
线材			
钢材合格率	%	99.91	99.90
钢材成材率	%	98.43	98.42
电力消耗	千瓦时/吨	112.78	112.12
轧机日历作业率	%	59.75	56.33
工序单位能耗（标煤）	千克/吨	45.56	43.47

附表 9-7 2014~2015 年高强汽车板公司主要指标完成情况

指 标 名 称	单 位	2014 年	2015 年
一、冷轧工序			
钢材合格率	%		99.98
钢材成材率	%		92.25
轧钢电耗	千瓦时/吨		179.2
轧钢煤气消耗	米^3/吨		53.36
轧机日历作业率	%		51.09
轧机机时产量	吨/(台·时)		187.41
轧钢从业人员实物劳动生产率	吨/(人·年)		2030.47
轧钢工序单位能耗（标煤）	千克/吨		93.4
二、镀锌工序			
钢材合格率	%		100
钢材成材率	%		98.03
轧钢电耗	千瓦时/吨		60.58
轧钢煤气消耗	米^3/吨		69.96
轧机日历作业率	%		70.94
轧机机时产量	吨/(台·时)		55.53
轧钢从业人员实物劳动生产率	吨/(人·年)		6263.44
轧钢工序单位能耗（标煤）	千克/吨		56.97